**1년 전과 똑같은
고민을 하는 나에게**

KANT TU NE SAIS PLUS QUOI FAIRE, IL RESTE LA PHILO

마리 로베르 지음
김도연 옮김

늘 같은 곳을 헤매는 나를 위한 철학 상담소

1년 전과 똑같은
고민을 하는 나에게

KANT TU NE SAIS PLUS QUOI FAIRE

동양북스

철학자들은 욕망을 절제하라고 말하지 않는다.
자신의 진정한 욕망이 뭔지 알아내는 것.
그것이 미덕이라고 말한다.

_마리 로베르

차례

PROLOGUE 상담 대기실 우리는 왜 여전히 같은 곳에서 헤매는 걸까? 8

밀 의 방 Mill's Room

친구한테 어디까지 솔직하게 말해야 할까?
- 밀, 공리주의와 인간관계 13

에 피 쿠 로 스 의 방 Epikouros's Room

친구야, 꼭 그런 무시무시한 이야기로 분위기를 망쳐야겠니?
- 에피쿠로스, 아포니아와 아타락시아 29

아 리 스 토 텔 레 스 의 방 Aristoteles's Room

나는 왜 1년 전과 똑같은 실수를 하는 걸까?
- 아리스토텔레스, 경험은 행복의 열쇠 47

니 체 의 방 Nietzsche's Room

앞만 보고 달렸는데 끝이 보이니 갑자기 허무해
- 니체, 적극적 허무주의로 승리하기 65

스 피 노 자 의 방 Spinoza's Room

하나만 사려고 했는데 왜 항상 장바구니가 가득할까?
- 스피노자, 욕망과 쇼핑 중독 83

플 라 톤 의 방 Platon's Room

아직도 운명적인 사랑을 기다리는 나는 바보일까?
- 플라톤, 운명을 찾는 본능과 에로스 101

파스칼의 방 Pascal's Room

나이가 들수록 쓸모없는 사람이 되는 것 같은데 어떡해?
- 파스칼, 시간을 받아들이는 태도 117

레비나스의 방 Levinas's Room

내 가족인데 남보다 못할 때 어떡해야 하는 거야?
- 레비나스, 타자가 존재하는 이유 133

하이데거의 방 Heidegger's Room

내 반쪽의 죽음을 도저히 받아들일 수 없어
- 하이데거, 죽음을 향하는 현존재 149

칸트의 방 Kant's Room

사람을 적당히 사랑하는 게 너무 어려워
- 칸트, 사랑과 이성의 줄다리기 165

베르그송의 방 Bergson's Room

이러려고 퇴사한 건 아닌데 벌써 후회가 돼
- 베르그송, 새로운 나를 창조하는 일 183

비트겐슈타인의 방 Wittgenstein's Room

애인의 가족들이 나누는 대화가 외국어로 들려
- 비트겐슈타인, 낯선 문화와 언어 게임 199

EPILOGUE **감사의 말** 215
옮긴이의 말 세상의 모든 고민은 '나를 모르기 때문에' 시작된다 218

우리는 왜 여전히 같은 곳에서 헤매는 걸까?

평화로운 주말, 책상을 새로 장만하러 이케아 매장에 갔다. 들 뜬 마음으로 매장을 구석구석 돌아다니다 보니 어느덧 네 시간 이 훌쩍 지났다. 그런데 갑자기 이해할 수 없는 감정에 휩싸였 다. 산더미처럼 쌓인 박스들 사이에 서서 어찌할 바를 몰랐다.

구매 리스트는 이미 완성했고, 카탈로그는 거의 외울 정도였 으며, 머릿속에서는 물건을 효과적으로 옮기는 방법을 그리고 있었다. 하지만 알 수 없는 감정이 날 계속 괴롭혔다. 영문도 모 르게 급속히 날카로워진 신경 때문에 옆에서 누가 툭 건드리기 라도 하면 곧바로 그 사람 뺨을 냅다 후려치고 싶은 심정이었다.

마음을 가라앉히려고 기분이 좋아지는 일들을 상상하기 시 작했다. 고급 브랜드 침대에 누워 대자로 뻗거나 냉장고에 있는 맥주를 꺼내 병째 들이켜는 상상을 하다가 나는 이내 가장 좋은 해결책을 찾았다. 그건 바로 내가 오래전부터 좋아했던 철학자

스피노자의 모습을 떠올리는 것이었다.

　나는 그가 매장 한구석에 앉아 있는 내게 다가와 카푸치노 한 잔과 위로의 말을 건네는 상상을 했다. 그였다면 내게 어떤 말을 해주었을까? 마음을 가다듬으며 스피노자의 철학 사상을 생각했다. 급작스러운 감정 변화를 거리를 두고 바라보자 마음이 한층 가벼워졌다. 스피노자의 철학이 나의 오후를 구해주었다.

　이 책을 쓰려고 결심한 건 바로 이 경험 때문이다. 이성과 감정이 모두 흔들리는 혼돈의 순간, 왜 갑자기 눈물이 나고 분노와 죄책감, 수치심에 휩싸이는지 도무지 이해할 수 없는 순간, 자신이 보잘것없이 느껴지고 내가 통제할 수 없는 모든 순간을 철학자의 시선으로 바라보고 얘기하고 싶었다. 누구에게나 이러한 감정이 찾아온다. 이때, 수년간 인생에 대해 고민했던 철학자가 당신을 상담해준다면 어떨까? 이보다 좋은 위로는 없을 것이다.

나는 서가에 처박혀 있던 철학을 일상의 중심으로 옮겨놓고 싶다. 가족과의 식사 자리, 연인과 마주앉은 카페, 가장 많은 시간을 보내는 사무실 등 일상 속으로 철학을 초대하여, 수천 년 동안 현학적이고 고리타분한 이론으로 여겨진 철학을 친근하고 유익한 지혜로 바꾸고 싶다.

철학 사상을 알아간다는 건 지식을 쌓는 일에 그치지 않는다. 더 나아가 우리의 삶을 향상시키는 데 목적이 있다. 철학은 우리에게 위안을 주고, 스스로를 보호하는 법을 알려주며, 우리에게 닥친 일들을 한 걸음 물러나 제3자의 눈으로 볼 수 있게 해준다. 친구와 가족 혹은 애인과의 갈등, 반려동물의 죽음으로 인한 슬픔, 퇴사 후 몰아치는 불안과 걱정 등 모든 일에서 말이다.

쉽게 닿지 못할 곳에 우뚝 서 있는 철학을 지상으로 내려오게 만드는 일도 이 학문에 경의를 표하는 또 다른 방법일 것이다.
이 귀중한 학문과 친밀하게 지낸다면 갑자기 위기가 닥치더라
도 그들의 지혜를 되새기며 극복할 수 있으리라 생각한다.

　나는 오늘도 열두 명의 철학자를 만나러 상담소로 향한다.

　　　　　　　　　　　　　　　　　　마리 로베르

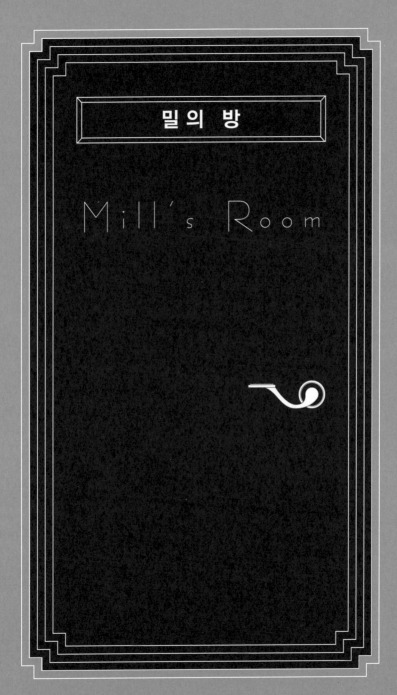

밀의 방

Mill's Room

친구한테 어디까지
솔직하게 말해야 할까?
: 밀, 공리주의와 인간관계 :

당신은 매년 생일을 기다린다. 생일 때마다 파티를 열어 당신을 위해 모인 친구들과 함께 황홀한 하루를 보낸다. 당신이 생일에 가장 기대하는 것은 바로 선물이다. 속물이어서가 아니라, 선물은 당신이 사랑받고 있음을 상징하기 때문이다. 당신은 선물마다 친구의 다정한 마음이 담겨 있다고 생각한다. 저마다 가장 아름다운 형태를 띠고서 말이다. 모두 당신을 기쁘게 해주려고 준비한 것이니 더욱 설렌다.

선물 개봉은 주로 저녁 식사 후에 진행한다. 당신은 식사를 하는 동안에도 빨리 선물을 열어보고 싶어 마음이 조급하다. 드디어 식사를 마치고 후식을 먹는 시간이다. 당신은 선물을 테이블 위에 올리고 하나씩 개봉한다.

지금까지 개봉한 선물들은 무척 마음에 든다. 하나하나 당신의 삶을 떠올리게 한다. 친구들이 얼마나 고심하며 골랐을지 상상하니 감동이 몰려온다. 일부러 기뻐하는 척하지 않아도, 얼굴에 기쁨이 그대로 드러난다. 뒤이어 다른 선물을 개봉할 차례다. 말하기 힘든 비밀까지 털어놓는 가장 친한 친구의 선물이다. 당신은 선물 포장을 뜯으며 기대에 부풀어 환한 웃음을 짓는다.

그런데 눈앞에 펼쳐진 스웨터를 보는 순간 당신의 동공이 크게 흔들린다. 갑자기 멍해지고 얼굴이 굳는다. 뭐야 이 촌스러운 옷은? 약간 촌스러운 게 아니라 더럽게 촌스럽다. 일부러 당신을 골탕 먹이려고 준비한 것 같다. 알록달록하고 희한한 모양에 피부에 쏠리는 원단. 도대체 이 옷 뭐지? 당신은 억지웃음을 지으며 친구들을 본다.

'아, 미치겠다. 내가 이런 걸 받고도 기쁜 척해야 해?'

"줘도 안 입을 옷이야!"라고 말하고 싶은 마음이 굴뚝같지만

16

차마 입 밖으로 뱉을 수 없다. 정작 친구의 태도는 너무도 태연하다. 게다가 한숨까지 섞어가며 이 옷을 고르기 위해 얼마나 많은 시간을 들였는지 생색을 내고, 포근하고 독특한 이 스웨터가 당신에게 얼마나 잘 어울리는지 설명한다.

당신은 멍하니 친구의 말을 듣고만 있다. 마지막으로 선물을 받고 실망했던 때를 떠올려본다. 당신이 일곱 살 생일에 부모님이 당신이 원했던 선물이 아닌 재미없는 동화책을 주었던 때다. 친구는 자기 선물이 그때만큼이나 최악이라는 걸 알기나 할까?

당신은 친구에게 배신감마저 느낀다. 당신에게 선물은 상대가 당신을 얼마나 사랑하는지 알려주는 상징이다. 하지만 친구가 준 이 선물의 상징은 당신을 향한 능멸이라고 생각한다. 당신은 이 끔찍한 스웨터를 앞에 두고 원통한 마음에 눈물을 흘릴지 아니면 경악한 마음을 즉시 불태우려 케이크 촛불을 끌지 망설인다. 그때 친구가 당신 눈을 똑바로 쳐다보며 묻는다.

"선물 맘에 들어?"

그 순간, 오늘 파티의 주인공이 되어 느꼈던 모든 기쁨과 행복이 싸늘히 식는다. 그리고 고통스러운 딜레마가 당신 심장을 할짝할짝 핥기 시작한다. 집에 가면 이 스웨터를 걸레로 써야겠다는 생각과 함께, 친구가 나를 놀리고 있다는 느낌까지 받았지만, 그래도 기쁜 척하며 맘에 든다고 거짓말을 해야겠다고 생각한다. 하지만 또 한편으로는 솔직하게 말할까 하는 생각도 든다. 이 스웨터를 사기 위해 열심히 매장을 돌아다녔다는 친구가 깊은 상처를 받을 위험이 있긴 하지만 말이다.

째깍째깍 시간이 흐르고 당신의 미소는 점점 더 희미해진다. 하지만 당신을 바라보는 친구들의 시선에 부담을 느끼고 결국 소리친다.

"그럼, 당연하지! 다음에 만날 땐 꼭 이 옷 입을게. 완전 내 스타일이야!"

모두들 당신의 생일을 축하하며 잔을 부딪친다. 그러나 당신의 마음에는 여전히 방금 내뱉은 거짓말이 맴돈다. 다음 모임 때 정말 이 괴상망측한 옷을 입어야 하는 건가? 몹시 심란하다. 가장 친한 친구에게조차 진실을 말할 수 없다면, 도대체 당신한테 우정이란 무엇이란 말인가? 거짓말을 하는 것은 오히려 친구 사이의 신뢰를 깨는 것 아닌가?

'이런 것도 솔직하게 말 못 하는 친구가 진짜 친구야?'

선물이 마음에 안 든다고 말하지도 못하면, 이것보다 더 중요한 이야기도 친구에게 감추게 되는 거 아닐까? 당신은 이런 생각에 괴상망측한 스웨터를 받았을 때보다 더 불쾌해진다. 당신은 집으로 돌아온 후 고민에 휩싸인다. 친구에게 문자를 보내 이런 옷은 내 취향이 아니라고 솔직히 고백할까 백 번도 더 생각해본다. 하지만 전송 버튼을 누르려던 순간 이 메시지를 받은 친구의 얼굴을 상상해버린다.

친구에게 상처를 주면서까지 솔직하게 이야기해보았자 역효과만 날 듯하다. 당신은 친구를 괴롭히고 싶지 않다. 어쨌거나 온 마음을 다해 선물을 고른 친구다. 당신은 잠시나마 친구를 괴롭히려 했다는 죄책감과 씁쓸한 마음을 안은 채 잠자리에 든다. 내년에도 다시 이런 선물을 받게 되면, 또 거짓말을 해야 하지 않을까 고민하느라 샴페인이 오가던 흥겨웠던 기분은 저 멀리 사라진 지 오래다.

밀의 철학 상담

"때로는 거짓말이 아니라,
감춰야 할 진실이 인간관계를 망칩니다."

밀이라면 어떻게 충고했을까? 곧장 매장으로 가 선물을 교환하라고 말하지는 않았을 것이다. 그 대신 친구에게 진실을 말할지 거짓을 말할지 고민할 때 당신이 어떤 기준을 갖고 판단해야 할지 말해주었을 것이다. 밀의 사상을 이해하고 나면, 인간관계를 유지하는 최상의 전략을 세울 수 있다.

거짓말하는 사회 vs 진실만 말하는 사회

밀은 영국의 논리학자이자 경제학자이며 철학자이다. 그가 1863년에 출간한 『공리주의』는 경제 분야에서 자본주의의 사상적 기틀이 되었다. 밀은 이 책을 통해 인간관계에서 진실이 얼마나 중요한지 말한다. 그는 공리주의 관점에서 대중에게 가장 유용하고 이익이 되는 것이 무엇인지 답을 찾으려 노력했다. 그리고 무엇보다 거짓말은 신뢰를 무너뜨린다고 분명히 말한다.

거짓말을 하면 우리가 주고받는 말의 힘은 약해지고, 대화의 주제도 부실해진다. 거짓말은 현실에 근거하지 않기 때문이다. 그 여파로 사람 간의 관계 또한 불안정해진다.

진실이 아니어도 별다른 영향이 없다고 생각하며 거짓말을 한다면 사회는 어떻게 변할까? 밀은 그 결과를 전망하며 자신의 추론을 이어 간다. 밀에게 거짓말은 단순히 '그릇된 말'만 의미하지 않는다. 거짓말은 서로를 불신하게 만들어 윤택하고 행복한 사회를 구축하는 데 해를 끼친다. 사람 사이에는 신뢰가 있어야 비로소 서로를 행복하게 만들 수 있다. 진실은 신뢰를 증폭시키며, 개인의 행복을 극대화한다. 따라서 진실은 거짓보다 훨씬 유용하며 집단 속에서 살아가는 인간에게 유익하다.

　누군가 당신에게 항상 정직하게 말한다면, 그 사람과의 신뢰는 두터울 수밖에 없다. 사생활에서건 비즈니스에서건 우리가 안심하고 대화할 수 있는 건 서로 진실만을 말할 것이라고 암묵적으로 약속했기 때문이다.

진실은 항상 정의로운가?
정의는 늘 승리하는가?

　밀은 체험과 경험으로 도덕을 얻으며, 도덕은 인간 전체의 행복에 유용하다고 말한다. 거짓은 신뢰를 깨뜨리므로 무익하며 부도덕하다. 하지만 생각해보자. 진실이 항상 좋은 결과를 낳았는가? 그의 말대로 진실이 행복을 보장한다면, 당신은 고민할 필요도 없이 휴대폰을 들고 친구에게 사실대로 문자를 보내야 한다. 그 선물은 진짜 이상하다고, 얼마나 나에게 관심이 없으면 그런 선물을 줄 수 있느냐며 강력하게 항의하면서 말이다.

　하지만 밀은 진실을 열렬히 수호하면서도, 특별한 상황에서는 거짓말 또한 유용하다고 말한다. 그가 말하는 특별한 상황은 누군가를 보호하거나 피신시키고, 불쾌한 일에서 벗어나도록 도와줘야 하는 경우다. 극단적인 예시로 살인마가 누군가의 소재를 추궁할 때, 중병에 걸린 환자에게 희망을 주어야 할 때 등을 말하기도 한다.

진실을 말하는 순간
어떤 일이 벌어질까 생각하라

다시 당신의 상황으로 돌아가자. 물론, 이런 관점에서 볼 때 선물이 마음에 안 든다고 실망감을 드러내는 건 위에 제시한 극단적인 상황과는 거리가 멀다. 그럼에도 가장 먼저 고려해야 할 것은 이전의 경험이다. 경험은 행동을 결정하도록 돕는다.

선물이 마음에 안 드는 상황에서 모두의 행복을 위해 선택할 수 있는 가장 유용한 행동은 무엇일까? 진실을 말하든, 거짓을 말하든 나의 말로 상대방이 상처를 입는지가 중요하다. 내가 진실을 말한 대가로 상대방이 깊은 슬픔에 잠기게 된다면 차라리 침묵하는 편이 낫다.

진실은 대부분 유용하다. 그러나 거짓말도 때에 따라 정당화될 수 있다. 관계에 대한 우려 때문에 어쩔 수 없이 거짓말을 하는 건 다른 사람을 배려하는 방법이기도 하다. 그러나 이런 예외는 두 가지 조건을 충족해야 한다. 하나는 이견이 없는 상황일 것. 또 하나는 거짓말이 허용되는 범위를 구체적으로 정할 것. 허용 범위를 정해야 하는 이유는 거짓말을 남용하다 우리의 소중한 사회적 관계가 흠집 나는 걸 피하기 위해서이다.

자, 그러니 당신은 전화기를 내려놓고 선물이 마음에 드는 척할 수 있다. 하지만 만약 친구가 맛없는 요리를 해주었다면, 망설이지 말고 친구에게 고백하자. 진실이 친구의 요리 실력을 향상시키는 데 도움이 될 테니 말이다. 진실을 말할 때와 거짓을 말할 때를 잘 구별한다면, 두 사람의 우정은 더욱 견고해질 것이다.

제 고민은요

"친구가 준 선물이 너무 마음에 안 드는데, 이걸 솔직하게 말해야 할지 그냥 거짓말로 좋은 척해야 할지 모르겠어요. 어떤 선택이 옳은 건가요? 기분 좋은 날에 너무 속상합니다."

철학 처방전

- 공리주의에 따르면 사회에 가장 큰 행복을 가져오는 것이 유익한 것입니다.
- 진실은 유익합니다. 사람들 간에 신뢰를 증대시키기 때문입니다. 그리고 신뢰는 사회 구성원의 행복에 바탕이 됩니다.
- 거짓말은 행복을 해칩니다. 다만 누군가를 보호하기 위한 거짓말이라면 괜찮습니다. 그러므로 진실과 거짓을 택할 땐 당신의 말이 미칠 영향을 먼저 잘 생각해보세요.

이 책을 읽어보세요 : 『공리주의』

벤담이 완성한 공리주의를 받아들인 밀은 1863년에 출간한 이 책에서 공리주의의 정의를 설명한다. 그는 공리성을 도덕의 유일한 기준으로 삼았다. 유익한 행위는 다수의 행복에 기여하는 행동이며, 이 행복의 특징은 양적 쾌락이 아닌 질적 쾌락을 찾는다는 것이다.

|

존 스튜어트 밀
John Stuart Mill

밀은 1806년 런던에서 태어났다. 경제학자였던 그의 아버지 제임스 밀은 아들을 천재로 만들겠다는 야망으로 밀을 엄격하게 교육했다. 밀은 세 살부터 그리스어를 배웠고, 여덟 살 때 기하학과 경제학, 철학 공부를 시작했다. 그는 스무 살 무렵 정신적으로 큰 위기를 맞으면서, 학문적으로 치우쳤던 공부의 균형을 맞추기 위해 자신의 감정에 더 귀를 기울이려 노력했다.

그 후에는 자유주의를 표방하는 잡지사에서 기자로 일했다. 밀은 오 귀스트 콩트Auguste Comte의 신봉자이자 친구였는데 1820년대 초부터 그 와 서신을 주고받으며 과학적 합리성을 주장하는 실증주의 사상을 체 계화하는 데도 기여했다. 밀은 이후에도 콩트를 경제적으로 후원한다.

출생-사망 : 1806~1873년
국적 : 영국

1858년에 밀은 프랑스 아비뇽 근처 마을에 정착한다. 1865년에는 런던 웨스트민스터의 하원의원으로 선출되어 여성의 투표권과 해방을 주장하면서 페미니즘 선구자가 되었다. 밀은 스승인 제러미 벤담 Jeremy Bentham의 영향으로 공리주의를 사상의 기초로 삼았다. 이후에는 쾌락의 질적인 측면을 강조하며 벤담의 공리주의를 수정했다.

그는 '공공의 행복을 추구해야 한다'는 의무를 만들었다. 인류의 목적은 개인의 행복과 다수의 행복 사이에 존재하는 간극을 줄이는 것이다. 이 간극이 존재하는 한 타인의 이익은 개인의 행복에 우선해야 한다. 밀이 권장한 행복은 이타주의이다. 그의 공리주의는 사회 전체의 행복을 추구한다.

에피쿠로스의 방

Epikouros's Room

친구야, 꼭 그런 무시무시한 이야기로 분위기를 망쳐야겠니?

: 에피쿠로스, 아포니아와 아타락시아 :

차로 꽉 막힌 도로 중간에서 옴짝달싹 못 하는 금요일 저녁. 여기저기 경적을 울려대고 차곡차곡 쌓인 피로에 어깨가 뻐근하지만 주말을 앞두었기 때문에 당신은 신이 났다. 이번 주말에 친구들과 함께 펜션에 모여 주말을 보내기로 했기 때문이다. 편안한 의자에 앉아 책을 읽고, 근사한 저녁을 먹으며 친구와 흥겹게 수다를 떨 상상을 하니 벌써부터 마음이 설렌다.

당신은 다른 세계로 떠날 준비가 되어 있다. 복잡한 서류에 둘러싸인 세계가 아닌, 조용하고 즐겁고 매우 풍요로운 세계로! 연차를 내고 며칠 휴가를 떠나고 싶었지만 주말만으로도 충분하다. 운전대에 손을 얹고 표지판을 바라본다. 모임을 주선한 친구들에게 감사한 마음이 절로 우러난다.

도로 상황을 들으려고 틀었던 라디오에서 뉴스가 흘러나온다. 각종 사건 사고를 듣자 기분이 나빠진다. 당신은 자주 그랬듯이 스트레스를 받지 않으려고 라디오를 끈다. 기분 좋은 생각을 유지하는 데는 잔잔한 음악이 더 어울린다.

어둠이 조용히 깔린 펜션에 느지막이 도착한 당신은 자동차 트렁크에서 가방을 꺼낸다. 그 안에는 친구들에게 나눠줄 선물이 가득 차 있다. 아직 펜션엔 아무도 도착하지 않았다. 내일을 기대하며 당신은 부드럽고 포근한 이불 속에 피곤한 몸을 누인다. 스트레스를 모두 날려버리고 불안이나 걱정이 완전히 사라진 상태에서 싱그러운 잎사귀와 신선한 바람과 하나가 되길 꿈꾼다.

'주말 동안 스트레스 확 풀어버리고 가야지!'

아침이 되어 당신은 친구들과 식탁에 마주 앉아 환한 미소를 짓는다. 하지만 미소는 오래가지 못한다. 예상했던 풍경과 달리 친구들 중 절반은 졸린 눈이고, 나머지 친구들은 휴대폰만 뚫어

져라 보고 있다.

친구 하나가 휴대폰을 보며 손가락 밑으로 줄줄이 이어지는 최신 뉴스를 이야기한다. 빵을 입에 넣고 커피를 홀짝이면서도 어젯밤 일어난 비극적인 사건들을 이야기한다. 당신은 차 한 잔을 다 마시기도 전에 비행기 추락 사고 두 건에 대해 들었다. 정경유착 스캔들은 말할 것도 없다. 아침에 듣기에는 결코 상쾌하지 않은 무거운 뉴스 이야기에 마음이 축 늘어졌다. 그래도 놀러 나왔으니 좋은 기분을 유지하려 애를 쓴다. 당신은 좋아하는 친구들과 주말을 보내고 있다. 비록 지금은 쓸모없는 뉴스에 집착하는 친구들의 모습을 보고 있지만 기분을 망치고 싶지 않다.

그러나 이 상황은 점심을 준비할 때도 변하지 않는다. 카레를 끓이는 와중에도 친구 하나가 인스턴트 카레에 포함된 성분의 위험성을 열거하기 시작한다. 어렵고 낯선 용어로 된 첨가제와 화학 성분을 나열하며 인터넷에서 긁어모은 증거들을 제시한다. 친구의 말 때문에 눈앞에 차려진 평범한 음식이 내 몸을 마구 해칠 것만 같다. 친구의 말에 이어 다른 친구들도 저마다 두려워하는 것을 이야기한다.

당신은 이런 이야기를 듣는 것만으로도 스트레스를 받는다. 결국 입맛이 사라져서 다른 친구와 산책을 시작한다. 그런데 그 친구 역시 SNS에서 읽은 음모론을 화두로 던져 자기 생각을 열정적으로 쏟아낸다. 바닷바람을 들이마시며 풍경을 만끽하기도 전에 친구는 외계인이 핵 암호를 알고 있다며 말도 안 되는 말을 해 당신을 지치게 만든다.

....
'놀러 와서까지 이런 골치 아픈 얘기를 들어야 해?'
....

숨이 막혀 기진맥진이다. 아름다운 바다 풍경도 질식하기 일보 직전인 당신을 구하지 못한다. 목이 뻣뻣해지고 두통이 끊이지 않는 까닭은 음모론이 무서워서가 아니다. 당신에게 독이 되는 말들이 폭포수처럼 쏟아지기 때문이다.

친구들과 모여 간단하게 술을 마시는 지금도 듣기 싫은 이야기는 끊이지 않는다. 뉴스에 중독된 친구 하나가 쏟아지는 속보를 전한다. 좋은 이야기는 없고, 죄다 비극적인 사건들뿐이다. 친구는 세상 돌아가는 일을 알아야 한다고 말한다. 그러면서 고통과 타락에 신음하는 현대 문명의 초상을 낱낱이 묘사한다. 당신은 이제 영혼 없이 자리에 앉아만 있다. 친구들이 공감해주길 바라던 이야기가 많았지만, 당신은 이제 아무 말도 하기 싫다.

얼마 전부터 당신은 대형 전광판에 나오는 뉴스조차 일부러 보지 않는다. 뉴스보다는 건물의 세세한 특징이나 아름답게 꾸민 쇼윈도를 감상하며 걷는 게 더 좋다. 당신은 정신을 온전한 상태로 유지하기 위해, 자극적인 기사를 쏟아내는 화면과 끔찍한 뉴스들과 지구 종말을 예견하는 각종 음모론에서 벗어나고 싶다.

당신은 다시 힘을 내 대화의 주제를 바꾸려 한다. 하지만 전혀 통하지 않는다. 끊임없이 쏟아지는 뉴스에 잠겨 당신은 결국 입을 닫는다. 스트레스와 근심거리를 머릿속에 우겨넣고 싶지 않은데 친구들을 말릴 마땅한 이유를 찾을 수 없다. 뉴스 얘기는 그만하자고 하면 세상의 불행을 회피하는 이기주의자라는 소리나 들을 게 뻔하다.

문득 꽉 막힌 도로와 경적 소리가 그립다. 그 순간만큼은 이번 주말을 꿈꾸는 대로 마음껏 상상할 수 있었다. 친구들과 이런 대화만 계속해야 한다면, 당신은 혼자 어딘가에 처박혀 주말이 끝나기만을 기다려야 할지도 모른다.

에피쿠로스의 철학 상담

"하루에 한 시간은 휴대폰을 멀리 두고
자신만의 행복에 집중하는 시간을 가지세요."

　사람들은 에피쿠로스라고 하면 곧바로 한여름 바닷가 풍경을 담은 달력 표지를 떠올린다. 후대 사람들에게 에피쿠로스는 즐거움과 놀이, 심지어 방탕한 삶을 찬미했던 인물이자, 그의 본뜻과는 다르게 자기 편할 대로 세상 모든 쾌락을 즐기는 철학자로 알려져 있다. 정말 그랬을까?

어떻게 살아야
행복할 수 있을까?

사실 에피쿠로스는 유흥을 즐기는 쾌남이라는 세간의 평과 전혀 다른 인물이다. 그가 정원 안에 학교를 설립해 다양한 사람들에게 자유롭게 강의한 것은 사실이나, 그의 학설은 규범을 무시하고 자유분방하게 행동하는 라이프스타일과는 거리가 멀다. 그는 잘 살고자 했지, 아무렇게나 살고자 하지 않았다.

고풍스럽고 긴 의자에 우아하게 누워서 에피쿠로스가 정의하려 한 것은 어떤 관념이 아닌 삶의 방식이었다. 철학은 지성미를 뽐내며 지식을 남발하거나 어려운 인용문을 줄줄 얘기하는 학문이 아니다. 그리스 철학자의 지혜는 인간으로서 지녀야할 삶의 태도를 아우르는 기술이다.

그리스 철학자들에게, 특히 에피쿠로스에게 규율은 우리를 최고로 만들고 발전시키며 행복을 보장해줄 때만 필요하다. 그에게 행복은 '잠잠한 상태'를 말한다. 따라서 그는 침묵하며, 사색하고, 조용히 시간을 보내며, 친구들과 함께하고, 자연을 누릴 때 행복하다고 말한다. 크고 작은 재난과 경보들로 정신을 쓸데없이 괴롭히지 않아야 한다.

유쾌한 동반자,
아포니아와 아타락시아

에피쿠로스는 행복을 변질시키지 않는 것이 행복이라고 정의했다. 육체에 어떤 고통도 없는 상태거나 영혼에 괴로움이 없는 평정한 마음 상태여야 행복할 수 있다. 여기서 육체에 고통이 없는 상태를 '아포니아aponia'라고 부르며, 평정심을 유지하는 상태를 '아타락시아ataraxia'라고 한다.

다시 말해 육체와 영혼의 안온함을 뜻하는 아포니아와 아타락시아는 평안한 삶을 누리기 위해 꼭 필요한 요소이다. 예를 들어, 어떤 문제에 관심을 쏟다가 소화불량에 걸렸다면 행복을 최대한으로 누리고 있다고 말할 수 있을까? 그렇지 않다. 화성인의 침략 같은 음모론을 생각하며 공포에 질린 상태일 때도 마찬가지이다.

휴가를 떠날 때 아포니아와 아타락시아를 데려가면 어떨까? 유쾌한 두 동반자가 함께한다면 행복한 시간을 보낼 수 있을 것이다. 하지만 행복한 기운을 내뿜는 사람을 만나기 쉽지 않듯, 이 둘을 만나기도 쉽지 않다. 세심한 전략가였던 에피쿠로스는 이 둘을 만나기 위해 완벽한 '행복 프로그램'을 만들었다.

에피쿠로스의
행복 프로그램

이 프로그램의 첫 단계는 평화를 방해하는 요인을 리스트로 작성하는 것이다. 하루, 주말 혹은 인생 전체를 망치는 주범으로 그가 지목한 것은 두려움이었다. 운명에 대한 두려움, 죽음에 대한 두려움, 감정으로 고통받는 두려움, 행복하지 않아 느끼는 두려움 등……

에피쿠로스가 살던 때로부터 2000여 년 후에 살고 있는 우리 역시 그때와 똑같은 고통의 바다에서 헤엄치고 있다. 당시보다 다양한 미디어가 불안을 극도로 증폭시키고, 일상은 더욱 고도화된 범죄에 노출되어 있다.

어떻게 해야 두려움 속에 익사하지 않을까? 고통의 바다에서 빠져나와 평정심을 유지하게 할 '행복 프로그램'의 두 번째 단계는 우리가 느끼는 두려움을 깊이 생각해보는 것이다. 두려움을 깊이 관찰하고, 두려움의 원인과 그 원인이 발생한 근원지까지 파고들어, 피할 수 있는 것과 받아들여야 하는 것을 분류한다. 그는 우리가 근심하는 이유들을 명쾌하게 분석하며 원인을 하나하나 부수어나간다.

'행복하지 않다'는
두려움에서 벗어나기

운명은 두려워할 이유가 없다. 왜냐하면 모든 것은 물리적 현상으로 좌우되며, 결국엔 우리가 통제할 수 없기 때문이다. 죽음을 두려워하는 것은 무익하다. 어차피 우리는 모두 죽는다. 따라서 매일 죽음을 두려워하며 스스로를 괴롭히느니 받아들이는 편이 낫다. 두려움은 고통이다. 감정적으로 계속 고통받으면 우리는 약해진다. 그러므로 죽음은 저편에 두고 고통스러웠던 일들보다는 좋았던 추억들을 되새기는 것이 더 유익하다.

에피쿠로스가 가장 관심을 기울인 문제는 행복하지 않다는 두려움에 머무르는 것이었다. 이 두려움을 없애는 방법은 하나뿐이다. 외부 세계에 덜 의존하고, 적게 가졌더라도 자족하며 존재의 기쁨을 최대한 누리는 것이다.

에피쿠로스는 작은 행복 하나에도 감사하라고 말한다. 우리가 사랑하는 것을 만끽하고, 바닷가 펜션에서 주말을 보내는 등 행복할 기회가 생기면 그 기회를 누리라고 말이다. 그의 야망은 오로지 단순한 욕구를 충족하며 살아가는 것, 가능한 한 가장 소박한 취향을 가지고 살아가는 것이었다.

에피쿠로스가 말하는 평정심은 종종 시간을 초월한 기본적인 것들에서 비롯된다. 매일 넘쳐나는 뉴스가 아닌 우리에게 진정 필요한 것에 초점을 맞출 때 우리의 정원은 아포니아와 아타락시아가 지배하는 행복한 궁전이 된다.

뉴스를 보지 않으면
이기적인 거라고?

이런 관점에서 당신은 친구들에게 우울하고 지리멸렬한 뉴스들은 우리에게 무익한 고통만 안겨준다는 사실을 말해야 한다. 미디어가 쏟아내는 뉴스에 열중하다 보면 근거도 없는 두려움이 생겨날 수 있다. 이미 일어난 사건들 앞에서 우리가 할 수 있는 일은 없다. 뭍으로 밀려온 돌고래를 구하러 갈 수도 없고 비행기가 추락하기 전에 비행기를 붙잡을 수도 없다.

세상의 비극을 전하는 뉴스에 몰입한다고 이타주의자가 되지는 않는다. 오히려 자신만 괴로워질 뿐이다. 비극적인 뉴스를 통해 우리는 사회문제에 공감할 수 있다고 생각하지만, 비극에만 몰입하다 보면 지금 여기서 우리 존재 그 자체로 설 기회를 박탈당한다. 우리는 스스로에게 살아 있음을 자각할 기회를 주어야 한다. 비극과 거리를 두고, 불안만을 조장하는 대화를 용감하게 끊으며, 라디오와 텔레비전을 끄거나 휴대폰과 태블릿을 내려놓은 채 말이다.

다음번에 친구들이 또다시 비극과 불안을 주제로 대화를 시작한다면 조용히 참지 말고 에피쿠로스가 설파한 철학을 활용하자. 그리고 다른 곳으로 피하는 대신 이번 주에 당신을 행복하게 해주었던 일들을 이야기하며 대화를 주도하자.

제 고민은요

"친구들과 만나면 행복하고 즐거운 이야기만 하고 싶은데, 끔찍하고 무서운 사건이나 말도 안 되는 음모론 이야기만 해요. 저는 왜 이렇게 이런 이야기들이 불편할까요?"

철학 처방전

- 지혜는 위대한 철학자들의 전유물이 아니라 일상에서 가져야 할 태도입니다.
- 두려움은 행복을 방해합니다. 그런데 두려움은 근거가 없는 경우가 많습니다.
- 행복은 우리 주위의 단순한 것들에 집중하고 감사하며 자신이 존재한다는 사실에 기뻐할 줄 아는 것입니다.

이 책을 읽어보세요 :『메노이케우스에게 보내는 편지』

행복에 관한 실천 가이드이다. 에피쿠로스가 젊은 제자에게 보낸 이 편지는 그의 사상을 일목요연하게 보여준다. 그가 제자들에게 가르친 내용들은 현재도 여전히 유용하다.

에피쿠로스
Epikouros

기원전 342년에 사모스 섬에서 태어났다. 에피쿠로스는 청소년 시절에 우주의 혼돈과 같은 개념에 관심이 많았다. 하지만 그의 질문에 제대로 답해주는 교사가 없어, 그에 대한 반발로 철학을 공부하기 시작했다. 반항기의 절정에 이르던 시기에 독학을 하면서, 기본적인 것으로만 살아야 한다는 생각에 사로잡혀 간소한 삶을 실천해나갔다.

에피쿠로스는 방탕하고 퇴폐적인 삶과는 거리가 먼 금욕적인 쾌락주의자였다. 35세에 아테네에 정착한 그는 정원이 딸린 작은 집을 구입하여 공동체 삶을 꾸리고 자신의 사상을 전파했다. 존경받는 스승이었던 그는 제자들과 함께 자연학을 적극적으로 연구했다. 그는 모든 만물은 신이 만든 것이 아니라 허공에서 우연히 떨어진 원자들이 자

출생-사망 : BC 342~BC 271년
국적 : 그리스

의적으로 결합해 생겨났다고 보았다.

전하고 싶은 사상이 무척 많았던 그는 300여 편이 넘는 책을 썼으나 현재 남아 있는 건 짧은 편지 몇 장뿐이다. 에피쿠로스 철학의 큰 줄기는 두려움을 줄이며, 관조하는 조용한 삶을 행복의 거름으로 삼아야 한다는 인식이다. 이런 그의 철학은 에피쿠로스학파를 탄생시키며 사상사에 큰 영향을 끼쳤다.

아리스토텔레스의 방

Aristoteles's Room

나는 왜 1년 전과
똑같은 실수를 하는 걸까?

: 아리스토텔레스, 경험은 행복의 열쇠 :

침대에 누운 당신은 신실한 마음으로 맹세를 한다. 더는 이렇게 망가질 때까지 술을 마시지 않겠노라. 팽글팽글 도는 시야와 쓰리고 울렁이는 속, 불쾌함이 가시지 않는 텁텁한 입안과 자꾸 치미는 구토감. 이 끔찍한 숙취들 모두 이제 끝을 내리라.

당신은 클럽에 갈 때마다 흥분에 휩싸여, 마치 드라마 속 주인공처럼 광기의 리듬에 맞춰 '오늘 죽여준다!'라고 외친다. 당신의 친구라면 모두가 알 정도로 몇 년 동안 당신은 광란의 파티에 몸과 영혼을 바쳤다. 술만 마시면 앞뒤 가리지 않고 폭주했다. 캄캄한 밤인데도 선글라스를 끼고, 물품보관소에서 신용

카드를 잃어버리는 등 브레이크 없이 달렸다. 술을 마시며 미친 듯이 노는 것은 젊음을 써내려가는 당신만의 방식이기도 했다.

....

'이때 아니면 언제 놀아! 잠은 죽어서 자고 놀자!'

....

당신은 핫한 클럽을 찾으면 친구들에게 문자를 보낸다. 그리고 모임의 주최자답게 약속 장소로 가는 순간에도 머릿속은 온통 클럽 생각뿐이다. 클럽에서는 대화가 무르익기도 전에 첫 번째 잔을 들어 한껏 분위기를 띄우고, 파나슈(맥주와 레모네이드를 섞은 술-옮긴이)를 원샷하며 알딸딸해진다. 심지어는 모히토 안의 얼음이 녹는 속도보다 훨씬 더 빠르게 취해간다. 손을 높이 쳐들고 신나는 음악에 맞춰 이리저리 휘저으며 괴성을 지르고 현란한 조명 아래서 몸을 흔들다 보면 어느새 땀범벅이다. 토요일 밤은 뜨거운 열기로 불타오른다. 황홀경 속에 비틀거리는 몸짓도 당신만의 춤이라고 우긴다.

클럽에서 빠져나온 일요일 새벽마다 당신은 쓰린 속을 부여잡고 24시간 패스트푸드점을 찾아 헤맨다. 그러고는 운 좋게 찾아낸 가게에서 햄버거를 씹으며 끊긴 필름을 되살리려 안간힘을 쓴다. 당신의 유머 감각이 과하게 발휘되었던 순간의 기억이 섬광처럼 번뜩이면 창피해서 견딜 수가 없다. 지워버리고 싶지만 민망한 기억은 더욱 또렷이 되살아난다. 높이 솟았다가 급한 비탈면을 따라 내려오는 험준한 산들처럼 당신의 주말도 젊은 날의 패기로 치솟았다가 부끄러운 흑역사로 추락하길 반복한다.

　여느 때처럼 똑같은 생활이 이어지던 어느 날, 당신은 문득 더 이상은 이렇게 살지 말아야겠다고 마음먹는다. 이제 클럽에서 망나니처럼 노는 것도 그만하고, 필름이 끊긴 채로 집에 들어와 다음 날 아침에 비참해지는 것도 그만하자! 이제 일탈은 그만두자고 다짐에 다짐을 한다. 그러면서 당신은 경험이라는 소중한 자산을 얻었다고 생각한다.

'그래, 오늘부터 달라지는 거야. 흑역사는 멀리 묻어두자!'

　당신은 오늘부터 내면의 목소리를 듣기로 한다. 이제는 클럽 테이블이 아닌 요가 매트 위에서 요가 자세를 완벽하게 익히자고 결심한다. 당신은 이제 제대로 삶을 살아가겠다고 스스로에게 선포한다. 밀가루는 멀리하고 채식 위주로 식사를 하며 술 대신 야

채 주스를 마신다. 새벽 6시에 일어나 조깅을 하고 명상도 한다.

당신은 삶이 한층 더 성숙해지고, 자신을 점점 더 알아가며 발전하고 있다고 느낀다. 그런 자신이 자랑스럽고 남들에게 뽐내고 싶다. 이제 자신이 쾌락과 폭음으로 가득했던 삶이 아닌, 사랑과 아로마 향이 가득한 새로운 라이프스타일 속에서 다시 태어났다고 생각한다. 일요일 오후, 텔레비전 앞에서 궁색하게 누워 흑역사에 수치스러워하던 당신은 사라졌다.

어느 날 당신은 유명한 DJ가 공연하는 클럽 파티에 초대받는다. 당신은 여유로운 미소부터 짓는다. 당신은 새로운 삶에 충분히 적응되었으므로 이제 모두가 흥분하고 들떠 있는 장소에 가더라도 유혹에 저항할 수 있다고 생각한다. 이를 증명하는 것이 자신의 과제라고 여긴다.

당신은 도전을 받아들인다. 취기가 올라와도 이성적일 수 있으며 똘똘한 정신으로 건전하게 파티를 즐길 수 있다는 사실을 지인들에게 보여주고 싶어서이다. 당신은 먼저 친구에게 문자를 보낸다. 문자에는 파티에 참석은 하겠지만 자정 전에 떠나야 한다는 내용을 담았다. 다정하기 그지없고 사뭇 열정적이다. 이렇게 당신은 초대해준 사람을 배려하면서도 자신의 이성을 저버리지 않겠다는 다짐으로 토요일 밤을 불태우러 출격한다.

'나는 예전의 내가 아니야, 나는 날 컨트롤할 수 있어!'

당신은 가벼운 우월감을 뽐내며 당당한 시선으로 클럽에 도착한다. 어떤 유혹에도 쉽게 빠지지 않는 이들에게서 흔히 볼 수 있는 태도로 말이다. 마음은 지극히 평온하다. 이제는 진정한 평안이 어디에 있는지 알며, 이전과는 다른 방식으로 흥겹게 파티를 즐길 수 있다.

밤 11시. 친구들과 새로운 다이어트 방법을 얘기하는 당신은 여전히 정신이 말짱하고 활기로 가득 차 있다. 밤 11시 30분. 소지품을 찾으러 물품보관소에 가려고 일어선다. 그 순간 갑자기 옛 친구가 당신을 알아보고 '좋았던 시절'을 추억하며 한잔하자고 요청한다. 살짝 갈등한다. 재빨리 머리를 굴리며 '진토닉 한잔쯤은 문제없겠지'라고 생각한다. 몇 모금 마신다고 일요일을 망칠 일은 없으니까.

새벽 1시. 당신은 어딘지도 모르는 장소로 가기 위해 여섯 명과 함께 택시에 구겨 탄다. 그리고 스스로에게 너무 빡빡하게 굴 필요는 없지 않느냐며 이 행동을 합리화한다. 유연한 태도도 새로운 삶의 한 방식일 수 있으니 말이다. 새벽 3시. 당신은 테이블 위로 올라가 인기 가요를 목청껏 부르며 이어지는 술잔들을 말끔히 비운다. 새벽 4시. 집이 어딘지 알 수 없다. 새벽 5시. 당신은 무참히 망가진 채 예전 모습으로 돌아갔다.

토요일 밤과 일요일 아침이 지났다. 오후 2시 2분이다. 침대에 누워 있는 당신은 예전과 똑같은 실수를 반복했고, 결국 삶의 방식을 바꾸는 데 실패했다는 생각에 참담하다. 머리는 빙글빙글 돌고 계속해서 구토가 올라온다. 스스로 했던 약속을 배반한 자신을 욕하고 또 욕하며 깊고 깊은 죄책감 속에 빠져든다.

'이렇게 살지 말자고 다짐한 게 언제라고……'

당신은 자신의 목소리를 듣지 못했다. 머릿속에서 여전히 쨍그랑거리며 부딪히는 잔들은 술과 자신과의 약속 사이에서 옳은 선택을 해야 했다고 잔인하게 일깨운다. 속은 울렁거리고 몸은 천근만근이고 마음은 비참하다. 어젯밤으로 돌아가 서류를 들여다보며 집에서 저녁을 보낼 수만 있다면 무엇이든 다 주고 싶은 심정이다.

아리스토텔레스의 철학 상담

"실수는 누구나 할 수밖에 없어요.
다만 똑같은 실수만 반복하지 않으면 됩니다."

아리스토텔레스도 클럽을 좋아했을까? 뭐, 그건 중요하지 않다. 중요한 건 그가 자존감과 삶의 방식에 대해서는 의심할 여지없는 전문가였다는 사실이다.

아리스토텔레스는 고대에서 가장 유명한 철학자에 속한다. 그는 『니코마코스 윤리학』을 쓰면서 최상의 행동 방식은 무엇인지 파고들었다. 그의 철학은 실용적인 인생 가이드이며, 그의 윤리학은 결과를 중요시하는 도덕이다. 다시 말해, 아리스토텔레스는 우리가 존재하는 '목적'이 무엇인지 알고자 했다.

흑역사를 남긴 그날,
새로운 역사가 시작된다

정신없이 취한 채 집으로 돌아와 토요일을 마무리하는 것은 추천할 만한 존재의 목적이 아니다. 하지만 우리는 아리스토텔레스의 철학을 길잡이 삼아 이 참담한 순간마저 값진 경험의 순간이자, 앎이 시작되는 순간으로 만들 수 있다.

굴욕적이거나 실망스러운 순간이 있다 해도, 삶은 매 순간 자기 자신을 더 잘 알게 해준다. 더구나 우리 생각 속에는 2500년 동안 이어진 죄의식이 자리하고 있는데 이는 그리 놀랄 만한 사실도 아니다. 어떤 면에서는 오히려 우리에게 위안을 준다.

인간은 무엇을 위해 살아갈까? 아리스토텔레스는 인간의 궁극적인 지향점은 '선善'이라고 답한다. 그의 사상에서 '선'은 누구나 충분히 도달할 수 있는 개념이며 '선'을 추구하는 삶이란, '행복'한 삶과 같은 뜻이다(아리스토텔레스가 말하는 '선善'은 '착함'이 아닌 '좋음good'이란 의미이며, 그가 말한 '행복'은 '인간이 가진 고유한 능력을 발휘하며 살아가는 상태'를 말한다).

진정한 행복은
내면에 깃들어 있다

아리스토텔레스가 말하는 '선'에 도달하려면 먼저 덕德을 알아야 한다. 덕을 실천하는 것은 무척 단순하다. 자기 자신과 조화를 이루며 사는 것이다. 그렇다고 친구들과의 모임을 회피하는 것은 올바른 방법이 아니다. 어떤 모임이든 자신이 행복해질 가능성이 있다면, 그 기회를 자신에게 주어야 한다. 즉, 여기서 말하는 '덕'은 단지 행복하게 살아가는 것이다.

그러나 여기서 아리스토텔레스가 말하는 행복은 육체의 쾌락이나 인간관계에서 나오는 즐거움을 뜻하지 않는다. 그가 말하는 행복이란 용기, 절제, 침착함으로 생활하는 지혜를 갖추는 것이다. 진정한 행복은 우리 내면에 깃들어 있으며 외부 세계의 변수에 좌우되지 않는다. 아리스토텔레스는 우리에게 바람직한 삶을 향한 욕망을 부추긴다. 남은 문제는 어떤 식으로 그 삶에 가닿느냐는 것이다.

절대 단번에 도달할 수 없으며 오랜 시간이 필요하다. 굳은 결심과 함께 자신을 훈련해야 하기 때문이다. 가장 중요한 것은 덕을 갖추는 것이다. 그래야만 진정한 행복을 얻을 수 있으며 선에 도달할 수 있다. 하지만 덕은 마술처럼 짠하고 생기는 것

이 아니라 경험을 통해서만 드러난다. 그리고 단 한 번의 경험
이 아니라 수많은 작은 경험이 쌓였을 때 드러난다.

'숙취'라는 경험으로
얻는 교훈

덕을 얻는 가장 유용한 열쇠가 바로 경험이다. 살면서 우리는
많은 경험을 한다. 경험이 긍정적이든 부정적이든 우리는 그 단
계를 거치면서 세계와 자신을 발견하고 내면의 이야기를 귀담
아듣는 법을 배운다. 예를 들어, 숙취는 우리에게 '술은 몸에 해
롭다'라고 깨닫게 하므로 유용하다. 우리는 숙취라는 경험을 반
면교사로 삼아 모임에 나갈 때마다 들이켜는 술잔의 횟수를 의
도적으로 줄일 수 있다. 칵테일 두 잔을 들이켠 후 집으로 갈 것
인지 맘껏 취할 것인지 스스로 선택할 수 있다.

이런 경험이 축적되면 우리는 점차 평안을 느끼는 삶에 가까
이 다가갈 수 있다. 경험이 있다면 우리는 내면의 목소리를 들
을 수 있고, 순간의 욕망을 절제할 수 있다. 덕은 지속적으로 더
나은 삶으로 나아가게 한다. 죄책감은 우리를 비참하게 만들
뿐이지만, 실패에서 끌어낸 경험은 우리를 더 나은 사람으로

만든다.

해결책을 생각해내고, 스스로를 제약한다고 해서 곧바로 바람직한 삶의 모델이 만들어지지는 않는다. 경험은 결코 한 지점에 머물러 있지 않으며 유동적이다. 끈기 있게 삶을 단련하는 과정이 바로 경험이다. 그러므로 완벽함을 추구하기보다, 동일한 실수를 저지르지 말고 계속 발전해가는 태도를 가져야 한다.

행동은 의지를
따라가기 마련이다

아리스토텔레스가 말하는 덕은 앎과 행동 사이에 있다. 흥청망청 살다가 실수를 저지른다 해도 더 나은 모습으로 살기 위해 노력하고, 현재 자신과 투쟁하는 일을 멈추지 말아야 한다. 올바르게 행동하겠다는 의지를 계속 다지다 보면, 일상생활에서 하는 모든 행동이 어느새 그 의지를 따라가기 마련이다. 아리스토텔레스는 "우리가 꾸준히 반복하는 일이 바로 우리의 모습이다. 그러므로 가장 좋은 것은 단 한 번의 행동이 아니라 습관이다"라고 말한다.

언젠가 또다시 클럽 파티에 초대를 받는다 해도, 예전의 실수를 피하겠다고 집에 머물러 있을 필요는 전혀 없다. 하지만 파티에 가서 똑같은 실수는 저지르지 말아야 한다. 당신의 덕은 행복한 일요일 아침을 보내는 것임을 명심하며, 친구가 건네는 진토닉을 거절하고 스스로를 단속하자.

제 고민은요

"술 때문에 흑역사 남기는 것도 싫고, 주말 내내 숙취 때문에 힘든 것도 싫어서 이제 다르게 살아보려고 했어요. 그런데 제가 또 같은 짓을 반복한 거 있죠? 이런 제가 너무 싫고 비참합니다."

철학 처방전

• 삶의 목적은 행복이며, 행복은 쾌락, 명예, 영광 등 여러 형태를 띨 수 있습니다. 하지만 가장 큰 행복은 우리 자신에게 달려 있습니다.
• 행복에 이르기 위해서는 덕을 지녀야 하는데, 덕을 갖추려면 많은 경험과 훈련이 필요합니다.
• 행복해지는 가장 중요한 열쇠는 계속 경험을 쌓아가는 것입니다. 살면서 끊임없이 행동하고 실패를 겪어야만 자신의 본성을 발견할 수 있으며 이성을 활용할 수 있습니다.

이 책을 읽어보세요 : 『니코마코스 윤리학』

최고의 선은 무엇인가? 그것은 행복이다. 하지만 아리스토텔레스는 사람마다 행복에 도달하는 방법이 각양각색임을 보여준다. 이 책은 지금도 행복의 의미를 찾는 이들에게 많은 울림을 주고 있다.

|

아리스토텔레스
Aristoteles

아리스토텔레스는 기원전 384년에 칼키디키 반도의 스타게이로스
에서 태어났다. 17세에 플라톤이 세운 학원인 아카데메이아Akadēmeia
에 들어가 철학 공부를 시작한다. 최상의 그리스 사상에 둘러싸여 학
업에 정진했고, 훗날 알렉산더 대왕을 가르쳤다.

스승인 플라톤과 거리를 둘 정도로 두각을 나타낸 아리스토텔레스
는 플라톤이 사망한 후 아카데메이아를 나와 리케이온Lykeion 학원을
설립했다. 그는 정신이 활발히 움직이도록 제자들과 함께 걸으면서 사
색했고 철학을 이야기했다.

아리스토텔레스는 윤리학, 논리학, 정치학, 의학, 물리학 등 여러 학
문들을 통해 다양한 주제들을 섭렵하며 백과사전만큼 방대한 지식을

출생-사망 : BC 384~BC 322년
국적 : 그리스

연마했다. 이 중에는 그가 기틀을 마련한 학문들도 많다. 기독교 신학과 아랍 문화에도 큰 영향을 끼칠 만큼 학문에서 커다란 성과를 거두었다. 그가 오늘날에도 여전히 참고하고 연구해야 할 철학자로 남아 있는 것은 놀라운 일이 아니다.

니 체 의 방

Nietzsche's Room

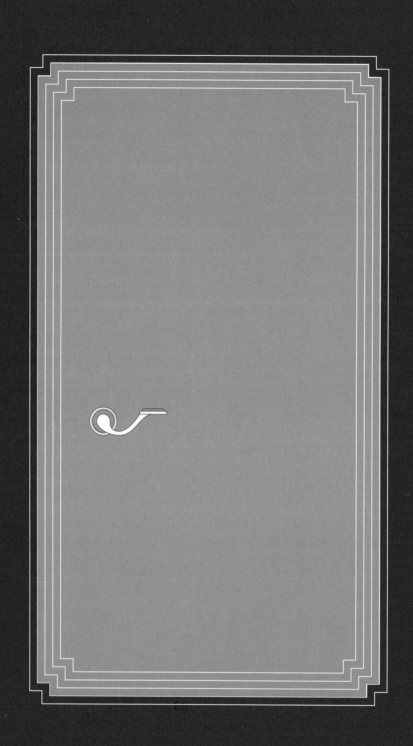

앞만 보고 달렸는데
끝이 보이니 갑자기 허무해
: 니체, 적극적 허무주의로 승리하기 :

당신은 육상 선수가 되는 것이 꿈이다. 종종 신기록을 세우는 상상도 한다. 머릿속에 영화 속 한 장면이 지나간다. 상상 속의 당신은 관절마다 긴장이 가득하고, 근육은 팽팽하다. 저 멀리 지평선을 향해 고정된 시선, 땀방울이 굴러떨어지는 이마, 한 발 한 발 고통을 무릅쓰고 앞으로 나아가는 다리. 그리고 마침내 결승선에 이르러 땅바닥에 고꾸라지는 무릎. 당신 귀에는 〈We are the champion〉의 후렴구가 끝도 없이 흐르고, 관람석에서 응원 소리가 터져 나온다.

노래의 후렴구와 함께 당신의 심장 박동은 은밀히 고조된다.

결승선을 통과함과 동시에 육체는 드디어 해방되어 열광하는 코치와 감동적인 포옹을 한다. 머릿속에서 떠올리는 결승선 장면은 종종 롱테이크로 끝이 난다. 당신은 쇄도하는 인터뷰 요청과 수없는 플래시 세례에 응한다. 겸손함을 잊지 않고 승리를 과장하여 뽐내지 않는 당신의 모습이 느린 장면으로 길게 이어진다.

당신은 오늘도 전설적인 영웅이 되는 모습을 상상한다. 그러다 머릿속에 '나도 못 할 거 뭐 있어!'라는 생각이 무럭무럭 자라난다. 당신은 마침내 생애 처음으로 마라톤 대회에 참가하기로 결심한다. 늘 꿈꾸던 그 장면을 드디어 실현한다.

당신은 무기력함과 두려움을 뛰어넘어 한 차원 높이 나아가겠다고 다짐하며 마라톤 대회 참가 신청을 한다. 당신에게 주어진 것은 운동화 한 켤레뿐이다. 참가 신청을 한 순간부터 당신은 흥분하며 마라톤 준비를 시작한다. 앞으로 9개월 동안 계획한 대로 훈련하면 된다. 효과적인 훈련을 위해 연구도 병행한다. SNS에 올라온 훈련 방법을 모두 섭렵하고, 여러 에너지 보충제를 알아보고 후기도 꼼꼼히 읽으며 분석한다. 주말 시간을 할애해 아킬레스건 전문가에게 발 상태를 점검받는 것도 빼놓을 수 없다.

'나의 목표는 오직 하나! 일등!'

　당신은 최고가 되기를 원한다. 친구들과 만나는 일도 가능한 한 피하고 온갖 희생을 감내하며 오로지 불굴의 의지로 강하게 훈련에 임한다. 몇 달 후, 당신은 갈수록 늘어나는 체력과 줄어드는 기록에 뿌듯해하며 강한 자신감을 느낀다. 그와 동시에 자존감도 쑥쑥 커져갔다. 당신은 쉬지 않고 훈련을 강행한다. 노력은 힘들지만, 그만큼 좋은 결과를 준다는 사실을 잘 알고 있다.

　또 하나 중요한 요소는 정신 단련이다. 출발할 때마다 당신은 자신에 대한 믿음으로 무장하고, 모든 의심을 거둔다. 그럴수록 당신의 정신력은 더욱 단단해진다. 당신에게 세상은 하나의 큰 경기장 같다. 이제 어떤 일이든 할 수 있을 것 같다.

　육체는 강해지고 정신은 더할 나위 없이 강건하다. 이제 준비 단계도 벗어났다. 한계를 뛰어넘고 싶은 욕구가 일상을 가득 채운다. 당신은 "나는 달린다. 고로 존재한다"는 말을 주문처럼 되뇐다. 그러고는 스마트폰에 남겨진 운동 기록을 보며 안도한다.

9개월이 흐르고 이제 당신은 마라토너가 될 준비를 완전히 마쳤다. 마라톤 코스는 이미 숙지를 끝냈고 신발은 완벽하며 투지를 불태워줄 노래들도 이미 선곡을 마쳤다.

하지만 어느 날부터 갑자기 몸이 이상할 만큼 무겁다. 등에 통증이 몰려와 자세마저 구부정하다. 그리스 시대 전사의 모습을 기대했건만 웬걸, 이 허접한 자세는 무어란 말인가. 연고와 파스를 아무리 발라도 통증은 사라지지 않는다. 운동화 끈을 고쳐 맬 때는 현기증마저 느낀다. 당신은 더 이상 액션 영화 속 배우가 아니라 메디컬 드라마에 나오는 환자처럼 보인다.

통증의 이유를 찾다가 당신은 받아들이고 싶지 않은 진실을 발견한다. 어떤 엄격한 훈련이나 최첨단 장비로도 위안을 줄 수 없는 끔찍한 증상 때문에 괴롭기만 하다. 몸이 무겁고, 통증이 더 심하게 느껴진 이유는 바로 허무함과 스트레스였다.

'제대로 할 수 있을까? 괜히 시작한 거 아니야?'

당신은 긴장과 두려움에 휩싸여 있다. 이걸 왜 시작했는지조차 모르겠다. 스트레스와 극에 달한 불안이 당신을 공격한다.

당신은 공포에 사로잡혀 약하고 무기력해진다. 모두 포기하고 싶어진다. 목표대로 환호로 가득 찬 결승선에 닿도록, 꿈이 사라지지 않도록 승리자의 강건한 정신을 속히 되찾아줄 코치가 필요하다.

니체의 철학 상담

"우리가 새로운 일에 도전하는 건
어제와 다른 삶을 살고 싶기 때문이죠."

병으로 날이 갈수록 쇠약해졌던 니체와 대회를 앞두고 투지
에 불타는 강건한 마라토너의 이미지를 함께 떠올리기는 힘들
다. 하지만 니체가 주창한 '자기 극복'과 스포츠는 떼려야 뗄 수
없는 개념이다. 그의 사상은 이에 대한 성찰을 담고 있다.

종교 아래 사라지는
우리의 존재

니체의 코칭을 받으려면, 먼저 그의 사상이 발전한 역사를 들여다봐야 한다. 이 사상의 출발점은 기독교 비판이다. 전작을 통틀어 니체는 특별히 기독교를 신랄하게 비판했다. 니체의 사상에 따르면 오로지 기도에 초점을 맞추는 종교는 하늘을 향할 수밖에 없으며, 땅을 하늘보다 열등하게 만든다. 하늘만 바라보다 보면 땅 위에서의 삶은 멀어지고, 이 땅에 서 있는 인간이라는 존재마저 잊게 된다는 것이다.

니체에게 기독교는 지상을 잃은 종교이며, 인간을 소멸시키는 종교이다. 니체는 기독교를 비판하며 "신은 죽었다"라고 말하기까지 한다. 이 말은 단순히 '사람이 신을 더는 믿지 않는다'는 뜻이 아니다. 우리의 사고를 통제했던 종교나 전통적인 규범 같은 초월적인 가치가 더 이상 우리의 삶을 지배할 수 없게 되었다는 뜻이다.

종교와 규범은 인간을 억압하면서도 동시에 안정감을 준다. 그 안정감 때문에 종교와 규범에서 벗어나기 힘들지만, 일단 벗어나면 자기 자신을 발견할 수 있다. 이 과정에서 사회에 기반을 두었던 모든 가치가 무너지고, 그 결과 허무주의가 찾아온다.

우리에게 허무주의라는 말은 '모든 것이 파괴되었다'는 뜻과 가깝지만, 니체가 말하는 허무주의는 매우 미묘하고도 깊은 뜻을 지닌다.

'허무'에 맞서는
두 가지 태도

니체에 따르면 허무주의에는 두 가지 형태가 있다. 무기력한 허무주의와 적극적인 허무주의다. 먼저, 무기력한 허무주의는 '그래 봤자 무슨 소용인가?'라는 태도다. 무기력한 허무주의에 빠진 사람은 더는 그 무엇도 믿을 힘이 없고, 어떤 원칙이나 가치도 정립하지 않으려 한다. 우리는 이러한 형태의 허무주의와 맞서 싸워야 한다. 우리를 완전한 비활동성으로 이끌어 우리 존재를 약하게 만들기 때문이다.

두 번째, 적극적 허무주의는 『차라투스트라는 이렇게 말했다』에서 니체가 제시한 개념이며, 우리가 관심을 가져야 할 개념이다. 적극적 허무주의는 '신이 죽었고 전통적인 가치들도 잃었다. 그렇다면 새로운 가치가 필요하다!'라는 태도다.

니체는 새로운 도덕을 설계하는 작업이 바로 여기서부터 시작된다고 봤다. 새로운 도덕을 설계하려면 지상의 존재와 생명의 가치를 다시 평가해야 한다. 저 높은 곳에 가치를 둔 종교 때문에 지상의 존재들은 너무나도 오랫동안 가치를 인정받지 못했다.

초인이 되기 위한
무한도전

우리가 하늘이 아닌 땅에 뿌리를 내리고, 우리의 존재를 잊지 않는 가장 유용한 방법은 뭘까? 바로 열정적인 태도로 살아가는 것이다. 이런 관점에서 무언가에 도전하며 사는 것은 굉장히 좋은 삶의 태도다.

니체는 사람은 저마다 자신 안에 에너지를 가지고 있다고 말한다. 그 에너지가 우리를 더 멀리 가게 하는 '힘을 향한 의지'이다. 니체는 생명이란 본능적으로 성장하려 하고, 생을 지속하면서 힘과 능력을 축적한다고 말한다. 그러므로 힘을 향한 의지가 부족하면 생명은 쇠퇴할 수밖에 없다.

예를 들어, 적극적 허무주의를 기반으로 하는 스포츠에서 선수가 드러내려는 것은 바로 이 힘이다. 이 힘 덕분에 우리는 이

전까지 삶에 존재하지 않았던 가치를 세울 수 있다. 경기나 시험 전에 느끼는 불안과 장애물 앞에서 '이걸 해서 무슨 소용인가?'라며 물러서는 태도는 무기력한 허무주의이다. 그러한 태도는 지금 모습 그대로 머무르라고 유혹하며 우리의 존재를 소멸하게 만든다. 하지만 이와 반대로 시련에 맞서 싸우며 행동할 때 우리는 자신의 힘을 확신할 수 있고 자신이 살아 있음을 강렬히 느끼게 된다.

힘을 향한 의지를 가졌다면 멈추지 않고 다음 단계로 나아가야 한다. 그리고 끊임없이 이 의지가 커지길 바라고 힘에 도전하기를 바라야 한다. 우리 안에 있는 힘을 키우며 계속 훈련하다 보면 우리는 니체가 말하는 초인超人, Übermensch의 단계로 들어설 수 있다.

여기서 한 가지 주의하자. 니체가 말하는 초인이란 완전한 인간이나 태생적으로 우월한 유전자를 지니고 태어난 특별한 인간이 아니다. 우리가 목표로 삼아야 할 이상적인 인간을 뜻한다.

머무를 것인가,
나아갈 것인가

우리는 인간이 가진 강하고 선한 본성이 더욱 드러날 수 있도록 초인이 되려고 노력해야 한다. 초인이 되기를 원할 때 우리는 자기 자신을 극복하는 법을 배운다. 뼈를 깎는 고통을 겪고 나면 불안한 마음이나 현재에 안주하려는 마음을 극복하고 멀리 갈 수 있다. 이는 우리 안에 있는 생명의 강인함을 표출하는 것이다.

이 방법만이 인간으로 존재하는 기쁨을 드높일 수 있고 우리를 약하게 만드는 감정을 뿌리칠 수 있다. 그리하여 기쁨, 준엄함, 용기, 힘 같은 지금까지 잊고 있던 가치들이 제자리를 찾는다. 이 가치들은 하늘에서 내려오는 것이 아니라 이미 우리 안에 있다.

당신에게 경기장은 자신만의 가치와 원칙을 새롭게 정립한 것을 축하하고, 적극적 허무주의를 바탕으로 죽을힘을 다해 투쟁하는 기쁨을 느끼는 무대이다. 우리는 삶에서 승리하기 위해 게으름과 두려움을 거부해야 한다.

경기에 임하며 우리는 때로 매우 고통스럽고, 무기력하고 소극적인 허무주의에 발목 잡히지만 포기해서는 안 된다. 당신은 이미 가장 힘든 과정을 겪었다. 이제 남은 것은 스스로를 최고로 만드는 일이다. 하늘보다는 발끝을 보고 당신이 간절히 바랐던 초인이 되어라.

제 고민은요

"평생 꿈꾸던 도전을 앞두고 스트레스를 굉장히 많이 받고 있습니다. 갑자기 도전을 포기하고 싶을 정도예요. 이렇게까지 고생을 해서 얻는 게 뭘까 허무하기도 해요."

철학 처방전

· 우리는 기존에 만들어진 가치에 순응하기보다 자신만의 가치를 규정하고 자신의 본성을 깨달아야 합니다.
· 우리는 저마다 자신 안에 성장을 원하는 에너지를 갖고 있어요.
· 초인은 위업을 이루는 자가 아니라, 자신이 정말로 되고 싶은 존재를 말합니다. 초인이 되기 위해 자기 자신을 극복하는 법을 배워보세요.

이 책을 읽어보세요 : 『차라투스트라는 이렇게 말했다』

시인이자 예언자였던 차라투스트라는 산에서 10년 동안 은거한 뒤 인간들 사이로 되돌아온다. '원하는 대로 사는 삶이 아니라 견디며 사는 삶을 거부하라'는 자신의 사상을 전하기 위해서였다. 기존에 만들어진 도덕을 무작정 따르면 욕망과 창조력 그리고 기쁨이 마비된다. 이 책에서 차라투스트라는 "모든 신들은 죽었다. 이제 우리들은 초인으로 살기를 원한다"라고 말한다. 여기서 초인은 자신의 본성을 알고, 본성을 다스릴 줄 아는 자이다.

|

프리드리히 니체

Friedrich Wilhelm Nietzsche

니체는 1844년 프로이센의 시골 마을 뢰켄에서 태어났다. 어린 시절에는 학업에서 뛰어난 성취를 보였으나 이후에는 실존에 대해 고뇌하며 매우 번민하는 삶을 살았다.

지식을 갈구하던 니체는 24세에 바젤대학교의 철학 교수가 되기 전까지 시를 향한 열정에 사로잡혀 여러 유명한 학교에서 학업을 수행하며 고대어로 된 문헌들에 푹 빠져 세세하게 분석했다. 그는 고대 그리스를 연구하면서 자신이 사는 시대에 적용할 철학적 영감을 얻었다.

그는 독일 문화의 현대식 모델을 제공하겠다는 생각으로 수많은 책을 출간했다. 이 저서들에서 니체는 기독교와 전통적인 규범이 인간의 삶을 부정하고 영원한 억압을 찬양한다고 주장하면서 이들을 철저히

출생-사망 : 1844~1900년

국적 : 독일

공격했다. 죽기 전 10여 년간 병으로 시달렸고 자신의 철학만큼이나 깊은 치매 증상을 보이며 광기 속에서 잠들었다.

스피노자의 방

Spinoza's Room

하나만 사려고 했는데
왜 항상 장바구니가 가득할까?

: 스피노자, 욕망과 쇼핑 중독 :

토요일 오전 9시 54분. 온전히 자신만을 위해 시간을 쓸 수 있는 주말이다. 당신은 이 사실에 여유를 느끼며 잠에서 깨어난다. 주말에 무얼 할지 생각해본다. 천천히 음미하면서 커피 마시기, 책 읽으면서 영감 얻기, 좋은 사람들과 저녁 식사 함께하기, 마음껏 운동 즐기기……. 생각만 해도 기분이 좋아진다.

잔뜩 여유를 만끽하던 당신은 불현듯 금방이라도 주저앉을 듯한 책장을 바라본다. 이케아에서 구매했던 굉장히 소중한 책장이다. 책장이 이렇게 볼품없어진 이유는 물건을 너무 많이 쌓아놓았기 때문이다. 작년에 샀던 자기계발서 열두 권, 고등학교

사진첩 여러 권, 1998년 여름에 인도 여행을 갔다가 사온 기념품들, 아무리 인터넷이 발전했어도 도저히 버릴 수 없는 두꺼운 사전들.

정리하고 버리면 간단히 해결될 일이다. 하지만 당신은 이 물건들에 강한 애착을 느껴서 절대 버리고 싶지 않다. 대신 옆에 다른 책장을 들여 새로운 기념품들을 올려놓자고 생각한다.

'그래, 오랜만에 가구 쇼핑 좀 하자!'

새 책장을 사야겠다고 결심하자마자 당신은 의욕에 불타올라 곧바로 애인에게 전화를 걸어 이케아에 가서 브런치를 먹자고 제안한다. 당신은 처음 자취를 시작하던 학생 때부터 이케아 가구를 애용해서인지 이 브랜드가 참 친근하다. 나무 소재의 깔끔한 디자인, 발음하기는 힘들지만 왠지 정이 가는 브랜드 이름들, 모던하고 따스한 느낌의 북유럽 스타일. 한마디로 당신에게 이케아는 완벽한 인테리어 보증 수표이다.

차를 타고 시동을 건다. 트렁크는 미리 비워 새로운 아이템들을 맞이할 준비를 마쳤다. 출발 전, 카탈로그도 샅샅이 훑어보며 당신은 일단 맘에 드는 아이템을 체크한다. 책장 말고도 바꾸고 싶은 가구가 많다. 냄비, 침구, 텔레비전 장식장, 거실을 화사하게 만들어줄 예쁘고 낮은 탁자도 고른다.

매장으로 들어서자마자 트렁크에 실을 새로운 아이템들이 눈에 선하게 그려진다. 입가에 저절로 미소가 번진다. 매장 탐색은 신나는 놀이와 같다. 당신은 바닥에 그려진 화살표를 따라 앞으로 나아간다. 자유롭게 돌아다닐 수 있지만 당신은 순순히 화살표 방향으로 움직인다.

첫 모퉁이에 비치된 통 안에 작은 나무 연필이 수북이 쌓여 있다. 당신은 아이처럼 흥분하며 신나게 연필 한 자루를 집어든다. 매장을 둘러보다가 사고 싶은 가구는 이 연필로 물품 리스트에 체크할 생각이다.

실제 집처럼 방 크기에 따라 이케아 가구로 예쁘게 꾸민 전시실을 보며 감탄을 멈출 수 없다. 침구 코너로 들어선다. '방은 칸막이 없이 구분하라!' 불교 경전이나 가족 상담사가 들려주는 인생 조언 같은 메시지가 담긴 포스터가 각 코너를 구분한다.

어린이 코너에 도착하자 다리에 힘이 풀리기 시작한다. 매장을 돌아다닌 지 이미 두 시간이 지났다. 바구니에는 보들보들한 담요 하나, 순록 문양이 그려진 냅킨 세 박스, 언젠가 수프를 만들어 먹을 때 쓰게 될 플라스틱 국자 두 개뿐이다.

뭔가 부족하다! 참을 수 없는 소비 욕구가 끓어오른다. 마음 속 누군가가 '인간은 욕망 속에서 존재한다'고 속삭이며 당신을 충동질한다. 서둘러 쇼핑을 마치고 이곳을 벗어나려 걸음을 재촉해보지만 폭신폭신한 악어 인형을 보고 다시 발길을 멈춘다. 애인의 말소리가 조금 높아진다.

"작년에 샀던 인형 좀 생각해봐! 지금 창고에 처박혀 있잖아! 지금 곰팡이만 잔뜩 피어 있을걸?"

애인의 말이 사실이긴 하지만 기분이 나쁘다. 그래, 빨리 쇼핑을 끝내자! 당신은 시간을 아낄 요량으로 정해진 길을 거부하고 독특하게 디자인한 의자를 성큼 넘어 사무실 코너로 직행한다. 다채로운 색과 온기가 뒤섞인 조명 코너에 들어서자 정신이 더 혼란스럽다. 작은 나무 연필 끝을 잘근잘근 씹어도 마음은 좀처럼 가라앉지 않는다.

그렇게 한참을 더 돌아다니다가 이윽고 수납 코너에 이른다. 살 것을 표시해둔 상품 리스트는 잃어버렸고, 카탈로그도 수건걸이 박스들 위에 놓고 왔다는 사실이 생각난다. 순간 짜증이 치밀어 아무 물건이나 카트에 던져 넣는다. 그래도 기분은 나아지지 않는다.

'몰라, 여기까지 왔으니까 뭐든 일단 사야 해!'

애인이 "도대체 이걸 다 누가 조립할 건데?"라고 말하는 순간, 이제는 애인과 헤어져야겠다는 충동까지 몰려온다. 보란 듯이 진열대에 있던 드라이버 하나를 낚아챈다. 무슨 일이 일어난 걸까? 마음이 들끓고 갑작스레 분출하는 감정을 억누를 수 없다. 여기 있는 물건을 모두 산다 해도, 이 욕망은 사그라질 것 같지 않다. 엎친 데 덮친 격으로 낮은 거실 테이블은 치수를 잘못 재왔다.

반짝반짝한 카탈로그에서는 그리도 세련돼 보였던 텔레비전 장식장은 조악한 베니어합판으로 만든 것이고, 한눈에 반했던 옷걸이는 사무실과 지난번에 묵었던 게스트하우스에도 놓여 있던 것이다. 똑같은 물건이 이미 여기저기 있다고 생각하니 욕이 나온다. 그렇다고 해서 욕망이 사그라지는 것은 아니다.

당신은 향초 네 개와 접시 두 묶음, 실내 관상용 조화 하나를 재빨리 집어 노란색 쇼핑백 안에 넣는다. 욕망이 당신을 어디로 이끌지 알 수 없다. 애인은 당신을 경멸하듯 쳐다보고 있다. 당신은 애인이 카트 안에 할로겐램프 전구를 넣다가 깨뜨릴 때 똑같은 시선을 돌려준다.

부피가 큰 물건들이 쌓여 있는 셀프서비스 코너로 들어섰다. 전투의 끝이 보인다. 천장까지 닿는 박스들이 며칠 동안 저녁마다 드라이버로 씨름해야 한다는 사실을 일깨워준다. 그 틈에서 당신은 한없이 작아지는 느낌이 든다.

메모해둔 물품 번호를 확인하러 휴대폰을 꺼낸다. 이제 물품을 찾아 구매만 하면 해방이다. 그런데 웬걸? 휴대폰이 먹통이다. 배터리가 떨어졌다. 처음부터 다시 매장을 돌거나 찜해두었던 가구들에게 안녕을 고해야 한다. 욕망을 채우는 건 불가능해졌다.

절망이다. 오늘의 쇼핑은 236번 계산대 앞에서 80유로를 계산하는 걸로 끝이 난다. 방금 구매한 것들이 실제로 쓸모가 있을지 없을지는 알 수 없다.

'사야 할 건 사지도 않았네. 오늘 여길 왜 온 거야……'

현재 시각 저녁 7시 14분. 열이 잔뜩 난 상태로 자동차에 올라탄다. 책장만 사려고 했을 뿐인데 지금 당신과 애인 둘 다 폭발하기 일보 직전이다. 돌아가는 길은 꽉 막혔고 다리는 아프고 옷은 땀에 절고 짜증은 가시지 않는다. 파란 바탕의 노란색 이케아 로고에 진저리가 난다. 이제는 파란색과 노란색만 봐도 토할 것 같다.

스피노자의 철학 상담

"욕망은 죄가 없어요.
하지만 욕망하는 나를 제대로 알아야 합니다."

스피노자는 브랜드 책장을 사는 데 전혀 관심이 없었을 테지만, 욕망의 미덕과 시련 그리고 그에 따른 연쇄작용을 잘 알고 있었다. 스피노자의 사상은 당신의 죄책감을 덜어주는 데 발군의 실력을 발휘할 것이다.

스피노자의 사상은 우리의 감정과 행위가 어떤 방식으로 작동하는지 깨닫게 해준다. 그의 설명에 따르면, 개인은 '코나투스'에 따라 자신만의 특성을 지닌다. 코나투스라는 말이 낯설겠지만 지레 겁먹지 않아도 된다. 이제부터 차근차근 설명하겠다.

인간 안의 코나투스,
욕망

스피노자에게 인간은 신이 창조한 자연의 일부분이다. 그러므로 인간은 저마다 신이 가진 초월적인 능력을 대변한다. 인간은 하늘에서 직접 받은 생생한 기운으로 가득 차 있으며, 이 기운을 흠 없이 보존하고 지키기 위해 끊임없이 노력하는 존재다.

따라서 인간에게 코나투스란 어떻게 해서든지 우리가 보존하고 훼손하지 말아야 하는 본질을 뜻한다. 인간은 저마다 코나투스가 있고, 코나투스 덕에 우리는 게임 속 복제된 캐릭터가 아니라 하나뿐인 자연 그대로의 피조물이 된다.

스피노자의 철학에서 욕망, 욕구, 의지, 충동은 보편적인 가치이자 우리의 본성이자 코나투스이다. 우리가 살아 움직이는 건 바로 이 욕망 때문이다. 따라서 책장을 새로 사고 싶고, 이미 있는 탁자도 괜히 새로 장만하고 싶은 욕망에 저항할 필요는 없다. 어차피 스스로 자신의 욕망을 없애버리는 것은 불가능하다. 욕망이야말로 우리가 살아 있다는 증거이자, 인간의 본질이기 때문이다.

우리는 살아 있다,
고로 욕망한다

욕망, 즉 코나투스는 무궁무진하게 생겨난다. 분리하여 저축할 수도 없고, 미리 예산을 짤 수도 없으며, 계획을 세울 수도 없다. 욕망을 멈출 수 있는 건 죽음뿐이다. 쓰는 만큼 바닥을 보이는 은행 잔고와 달리, 끝도 없이 생성된다.

하지만 주의하자. 욕망은 바람처럼 추상적인 무언가가 아니다. 오히려 그 반대이다. 욕망은 이케아에 갔을 때처럼 생생한 현장 속에서 그 모습을 드러낸다. 구체적인 상황 속에 들어섰을 때 욕망은 들썩거리고 우리의 생각을 사로잡는다.

날이면 날마다 여행, 커피, 만남, 취미 활동, 또는 새로운 물건에 대한 욕구가 새록새록 생겨나는가? 그 이유는 죽 끓듯 한 당신의 변덕 때문이 아니다. 스피노자의 사상에 따르면, 그러한 욕구는 단지 스스로를 표현하고자 하는 당신의 코나투스일 뿐이다. 우리는 살아 있다. 고로 욕망이 생기는 게 당연하다. 욕망은 우리를 깨어 있게 하며 신성한 자연의 명예로운 대표자로 살아가게 한다.

내가 정말 원하는 것은 뭘까?
욕망의 실체 확인하기

스피노자의 사상을 알고 나면, 욕망에 지배당했다며 스스로를 비난하는 걸 멈추고 한결 마음을 놓을 수 있다. 더 나아가 욕망은 우리에게 주어진 놀라운 선물이란 것을 알게 된다. 이게 다가 아니다. 친절한 스피노자는 '미덕'의 의미를 새로이 정리하여 우리에게 아주 값진 조언을 남긴다.

스피노자가 생각하는 미덕은 몸에 좋은 음식만 먹기, 새로운 동료 험담 그만두기, 계획 없이 물건 사지 않기 같은 것이 아니다. 오히려 자신의 열정을 제대로 알고, 내면에 있는 역동성을 이해하며, 우리를 기쁘게 하는 게 무엇인지 깨닫는 것이다. 현실에 귀를 기울임으로써 우리는 그토록 찾아 헤매는 삶의 충만함과 평안함에 이를 수 있다.

현자는 이성적인 사람이 아니라 자신과 주변의 것들을 제대로 알고, 무엇이 자신을 괴롭히는지 이해하는 사람이다. 마찬가지로 불쾌한 기분을 갖지 않고 흥분하지 않기 위해 욕망을 표현하는 순간부터 욕망의 실체를 인식하는 것이 가장 중요하다. 자신의 코나투스에 재갈을 물리는 건 미덕이 아니다. 오히려 코나투스를 친근하게 만드는 게 참된 미덕이다.

다음에 이케아에 간다면 스피노자를 떠올리며, 자신이 욕망으로 가득 찬 살아 있는 존재임을 자축하자. 그러나 잠시 내면의 목소리에 귀를 기울이며, 내가 사려 한 물건이 정말 내가 원하는 물건인지 자문하는 시간을 갖도록 하자. 욕망을 제대로 파악하여 쇼핑을 한다면 기분은 더 좋아지고, 짜증은 멀리 사라질 것이다.

제 고민은요

"쇼핑을 할 때, 계획에 없던 물건을 잔뜩 사요. 장바구니에 담을 때는 필요하다고 생각했는데, 나중에는 이걸 왜 샀나 싶어요. 기분도 좋지 않고 쓸데없이 돈을 낭비한 것 같아 죄책감도 들어요."

철학 처방전

- 욕망은 우리가 인간적인 존재임을 알려줍니다. 아침에 일어나는 것도 욕망이 있기 때문입니다. 우리를 살아가게 만드는 놀라운 힘, 그게 바로 욕망입니다.
- 욕망은 맞서 싸워야 할 대상이 아니며 억누를 수도 없고 끝도 없이 나타납니다. 욕망이 솟구칠 때 죄책감을 가지기보다는 차라리 그 사실을 인정하는 편이 낫습니다.
- 지혜는 자기 자신을 아는 것입니다. 비난할 건 아무것도 없습니다. 다만 우리가 누구이며 어디로 가는지 알아야 합니다. 자신의 목소리를 듣는 법을 배우도록 합시다.

이 책을 읽어보세요 : 『에티카』

사후 출간된 이 책에서 스피노자는 수학자처럼 명제 하나하나를 엄격하게 추론하며 자신의 사상을 발전시켰으며, 현자를 새롭게 정의하기 위해 신, 자유, 열정이라는 논제를 차근차근 검토했다.

바뤼흐 스피노자
Baruch Spinoza

1632년 11월 24일, 암스테르담에서 태어난 스피노자는 파란만장한 삶을 살았다. 1656년에는 유대인 공동체에서 쫓겨났다. 전통적인 유대교 신앙과 다른 사상을 가지고 있다는 이유 때문이었다. 이로 인해 가족과 멀리 떨어져 살아야 했다.

스피노자가 사망한 후, 1677년에 출간된 『에티카』는 희대의 베스트셀러가 되었다. 그의 목표는 철학을 통해 우리가 평안함을 누리고 자유에 이르게 하는 것이었다. 고급스런 인텔리 버전의 자기계발 선구자였던 스피노자는 이렇게 자문했다.

"우리를 집어삼키고 다른 이들과 대립하게 하는 열정과 어떻게 싸울 것인가?"

출생-사망 : 1632~1677년
국적 : 네덜란드

"각자의 개성을 확고하게 만들어주는 기쁨과 욕망은 무엇인가?"

"인간은 어떤 동인에 의해 무기력에서 벗어나 실제적인 활동을 하게 되는가?"

신과 자연과 심지어 기하학까지도 깊이 성찰하며 모든 것을 시스템으로 만든 스피노자는 후대에도 길이 남을 위대한 철학자이다.

플라톤의 방

Platon's Room

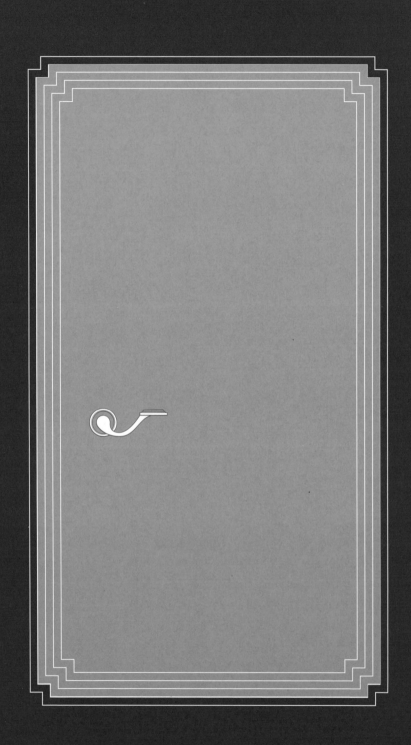

아직도 운명적인 사랑을
기다리는 나는 바보일까?
: 플라톤, 운명을 찾는 본능과 에로스 :

당신은 항상 소개팅에 나갈 때면, 운명의 상대를 만나리라 확
신한다. 당신의 인생은 흡사 로맨틱 코미디 영화 같다. 비록 우
유부단한 시나리오 작가들이 지지부진하게 스토리를 만든 것
같기는 해도 말이다. 게다가 이 영화는 해피엔딩일 것 같지도
않다.

어떤 이들은 당신을 일컬어 사랑에 목매는 부류라고 한다. 또
어떤 이들은 눈이 너무 높고 성격이 까칠하여 남자를 쉽사리 못
만나는 것이라 말한다. 또 어떤 친구는 당신이 백마 탄 왕자가
찾아올 거라는 환상에 빠져 현실을 받아들이지 못하고 있다고

진단한다. 그리고 그 이유가 부모와 너무 많은 시간을 함께 보냈기 때문이라는 결론도 끌어낸다.

당신은 묵묵히 듣기만 할 뿐 그들의 진단이 틀렸다는 말은 하지 못한다. 소개팅이 늘 좋지 않게 끝나는 이유가 무엇인지는 이미 스스로도 잘 알고 있다. 당신이 소개팅 자리에서 매번 실망하고 낙담하여 굳어버리는 이유는 바로 희망 때문이다.

'언젠가 운명의 남자가 기적처럼 나타날 거야!'

당신은 굳게 믿는다. 캄캄한 어둠 속 한줄기 빛과 같은 남자가 분명 찾아올 것이라고! 당신은 온몸의 기를 끌어모아 운명의 남자가 소개팅 자리에 나오기를 기원한다. '혹시 오늘이야말로?'라는 기대를 품으며 어쩌면 영혼의 반쪽일지 모를 누군가를 만나길 고대하고 상상한다.

당신은 미지의 남자를 만나기 위해 소개팅에 앞서 철저히 준비에 임한다. 어떤 주제로 대화할지 미리 생각하고, 어떤 옷을 입을지 고심한다. 면접 준비라도 하듯이 이야깃거리를 공들여 다듬으며 면접 결과를 기다릴 때보다 더 간절히 좋은 결과를 바란다.

한편으로는 이 모든 게 작위적이라는 생각이 들어 우습기도 하다. 소개팅 상대방이 등장하는 방식도, 두 사람이 서로를 발견하는 순간도, 호기심 어린 눈과 조심스러운 몸가짐 모두. 그럼에도 당신은 상대방이 당신을 발견하고 마치 선물 상자를 푸는 아이처럼 행복하고 기쁜 표정을 지었으면 좋겠다고 생각한다.

'이번에는 제발, 괜찮은 사람이 좀 나왔으면……'

약속 장소에 다다랐다. 호흡을 가다듬고 긴장을 푼다. 마침내 상대방과 만나 인사를 한다. 주선자 외에는 아는 것이 전혀 없는 사람과 만나는 일은 언제나 어색하다. 당신은 정면에서 약간 왼쪽으로 치우쳐 앉아 배시시 웃음만 흘린다. 어떤 태도를 취할까 망설이다가 섹시 콘셉트를 잡아볼까 싶지만 스스로 생각해도 구역질 날 일이다.

시간이 지나자 아무 말 대잔치가 벌어진다. 버벅거리며 카페의 인테리어에 대해 말하고, 칙칙한 베이지색 벽면이 무척 독특하다고 감탄하는 척한다. 그 와중에도 상대방이 당신에게 첫눈에 반하는 마법이 이루어지길 바라고 있다. 마음을 가다듬는다. 둘 사이에 공통점을 찾으려 노력하고, 상대방에게 미래의 반쪽이 될 만한 요소가 있는지, 이 사람 곁에서 한평생을 보낼 이유가 있는지 조심스레 탐색한다.

당신은 상대를 파악하려 그의 말을 주의 깊게 듣는다. 하지만 주의 깊게 듣다 보니, 쓸데없는 것까지 신경이 쓰인다. 당신은 상대방이 동일한 어구를 반복해서 사용하는 습관이 있다는 걸 알아챈다. 어휘가 부족한 것 같다. 듣기가 매우 거북하다.

게다가 서로를 전혀 모르는 상태인데도 당신에 대해 아무런 질문도 하지 않는다. 혹시 자기밖에 모르는 사람은 아닐까 의심이 든다. 하지만 성격이 소심해서 그럴 수도 있다고 생각하며 너그럽게 이야기를 듣는다.

세 시간이 지났다. 부메랑 선수권대회에서 있었던 지루한 이야기를 세세하게 듣는 동안 당신은 완전히 지쳐버린다. 버틸 힘을 내기 위해 칵테일을 다시 시킨다. "아, 그래요? 와! 정말 대단하네요" 같은 추임새를 넣으며 맞장구를 치는 것도 한계다. 상대방과 당신의 공통점을 눈곱만큼도 찾을 수 없다. 초반에 부풀었던 희망은 사라지고 화만 부글부글 끓어오른다. 반쪽은 무슨, 당신이 그와 반을 나누고 싶은 건 오로지 계산서 금액뿐이다.

당신은 이미 이런 소개팅에 익숙해진 지 오래다. 문득 이렇게 힘을 뺄 필요가 있느냐는 생각이 들고 거대한 무기력감에 빠진다. 사랑을 관장하는 모든 신에게 성질을 부린다.

'내 영혼의 단짝은 정말 없는 걸까? 내가 바보인 건가?'

아무래도 친구들 말이 맞는 것 같다. 유치할 정도로 로맨틱한 사랑이 제게도 찾아올 것이라, 환상에 빠져 있는 자신의 꼴이 우습기 짝이 없다. 결국 그와 헤어지고 집으로 돌아간다. 흡사 고독한 영혼이 모인 수도원으로 향하는 것만 같다. 그런데 참 이상하다. 당신 안에 작고 희미한 빛이 일렁인다. 분명 칵테일 때문만은 아니다.

당신은 쓰라린 실패를 겪었으면서도 여전히 다음 골목에서 운명 같은 사랑을 만날 수 있다는 희망을 가진다. 이런 마음 상태를 어떻게 설명해야 할까? 여전히 운명을 기다리는 내가 바보인 걸까?

플라톤의 철학 상담

"잃어버린 반쪽을 찾아야
완벽한 하나가 될 수 있어요."

플라톤이 만약 소개팅을 위해 주말 저녁 카페에 마주앉은 남녀를 본다면 어떤 말을 할까? 소개팅을 할 때마다 희망을 품고 노력하는 당신이 틀리지 않았다며 위로해줄 수 있을까? 플라톤이 우리에게 전하는 사랑 이야기를 들어보자. 그는 사랑을 추구하는 마음은 당연하다 못해 삶의 목표도 될 수 있다고 감히 말한다.

신에게 도전한
완전한 존재들

플라톤의 작품 『향연』의 무대는 그리스 상류층 여덟 인물이 모인 식사 자리이다. 이들은 질펀하게 먹고 마시며 사랑에 대해 떠들어댄다. 여기서 우리가 주목할 이야기는 시인 아리스토파네스가 들려주는 옛날이야기이다.

아주 오래전에 남자, 여자, 자웅동체, 이렇게 세 종류의 인간이 살았다. 이들은 모두 팔 네 개, 다리 네 개, 생식기 두 개를 지녔으며 공 모양을 한 존재들이었다. 이들은 자신들의 모습이야말로 그 어떤 존재들보다 완벽하다며 지극히 만족해하며 완벽한 행복 속에서 살아갔다.

이상야릇하게 생긴 둥근 인간들은 자신들이 완벽하다는 생각에 교만이 하늘을 찌를 정도였다. 이들은 심지어 결국엔 신들과 대결하여 신들의 왕국에서 한자리 차지해야겠다고 생각한다. 그리고 이들은 하늘로 향하기 시작한다.

제우스는 자기 왕국으로 기어오르는 인간들을 보고 화가 머리끝까지 치솟았다. 몹시 분노하여 처음에는 인간 종족을 완전히 말살해버리겠다고 생각하지만, 인간이 사라지면 제사를 지낼 인간도 함께 사라진다는 생각에 완벽하던 그들을 둘로 나누기로 결심한다.

그리하여 둥근 인간들은 팔 두 개, 다리 두 개, 생식기 하나씩 달린 반쪽으로 나누어졌다. 제우스는 의술의 신 아폴론을 불러 얼굴과 목의 반쪽을 잘려나간 쪽으로 돌려놓고, 찢어진 피부를 모아 배 중앙을 묶어 치료하게 했다. 이때 생긴 흉터가 바로 배꼽이다. 너무 보기 흉하지 않게 치료하면서도 흉터를 남김으로써, 지나친 교만은 화를 부른다는 교훈을 스스로 떠올리게 하려는 의도였다.

그때부터 거만하게 굴러다니던 둥근 인간의 시대는 막을 내린다. 반으로 나뉘면서 인간들의 수는 더 많아졌으나 완전하지 않아 믿을 수 없을 정도로 약해졌다. 그들은 무엇보다 자신의 반쪽이 없어졌다는 사실에 당황하다가 공황 상태에 빠졌다. 그 이후 인간은 영혼의 동반자를 찾아 방황하는 천벌을 안고 살아가게 되었다.

에로스,
영혼의 동반자를 찾고자 하는 힘

원래 자신의 일부였던 반쪽과 다시 결합하길 원하는 둥근 인간이 바로 사랑하는 사람을 만나길 기다리는 우리 자신이다. 플라톤은 이 시대부터 개인이 사랑을 찾아 헤매기 시작했다고 말한다. 그리고 분리된 본질의 한 부분과 결합하려는 힘이 그리스어로 사랑을 뜻하는 '에로스'라고 말한다. 즉, 고대로부터 이어진 어쩔 수 없는 인간의 본능이자 분리되었다는 절망을 극복하고 온전히 하나가 되려고 시도하는 두 존재의 힘이 바로 에로스이다.

우리는 다른 반쪽을 보완하는 또 다른 반쪽이다. 완전해지려는 욕망이 유전자 안에 새겨져 있기에 우리는 나머지 반쪽을 찾아 계속 헤매며, 수없이 실패하더라도 진짜 반쪽을 찾을 수 있다는 희망을 버릴 수 없다.

우리는 사랑하기 위해
태어났다

그러니 영혼의 동반자를 찾을 때까지 우리는 포기하지 못하고 친구 결혼식에서건, 카페에서건, 때와 장소를 불문하고 어딘가를 헤매고 있을 반쪽을 찾는 데 온갖 노력을 기울이는 것이다. 그리고 누군가를 만날 때마다 상대가 진짜로 자신의 반쪽이 맞는지 테스트한다. 그러다 잘못된 반쪽을 고르는 실수도 저지른다. 때로 반쪽을 찾는 일에 지쳐 쓰러질 수도 있다. 하지만 당신은 완전한 존재가 되었다는 느낌을 줄 반쪽을 찾으려는 욕망에 또다시 사로잡힐 것이다.

당신의 먼 친척이 다음에 또 누군가를 소개해준다면 두근거리고 설레는 마음을 바보 같다고 폄하하지 말자. 환상 속에서 깨어나라는 친구들 말도 듣지 말자. 더 적극적으로 가장 아름다운 옷을 준비하고, 재밌는 대화 주제도 미리 준비하자. 그리고 우리가 잃어버린 반쪽을 되찾을 수 있다는 희망을 버리지 말자. 당신은 전혀 우습지 않다. 단지 플라톤식 사랑을 추구할 뿐이다.

제 고민은요

"소개팅을 할 때마다 운명의 상대가 나타날 거라 항상 기대해요. 친구들은 이제 환상 속에서 빠져나오라고 하지만 저는 운명이 있다고 믿어요. 제가 너무 허황된 사랑을 꿈꾸는 건가요?"

철학 처방전

- 사랑은 우리의 반쪽, 즉 우리에게 완전하다는 느낌과 마음의 안정을 주는 사람을 만날 때 느끼는 감정입니다.
- 욕망은 영혼의 동반자를 찾도록 이끄는 직접적인 원인입니다.
- 희망은 헛되지 않습니다. 희망 덕분에 우리는 포기하지 않고 우리에게 맞는 짝을 찾기 위해 계속 노력할 수 있습니다.

이 책을 읽어보세요 : 『향연』

아가톤의 우승을 축하하기 위해 모인 자리에서 소크라테스와 다른 참석자들이 차례차례 에로스(사랑)에 대해 정의하는 내용을 담은 책이다.

플라톤
Platon

기원전 427년, 아테네에서 태어난 플라톤은 명문가 자제에 걸맞은 교육을 받았다. 소크라테스의 제자였던 그는 글쓰기를 거부했던 스승의 사상을 대화 형식으로 담아 책을 만들었다. 이 책이 바로 『대화편』이다. 이러한 형식은 독자들이 그 안에 제시된 질문을 직접 자신의 삶에 적용하여 깊이 생각할 수 있도록 만드는 데 안성맞춤이었다.

『대화편』은 정치, 사랑, 신화를 망라하며 매우 다양한 주제를 다루는데, 우리가 보는 것들로 이루어진 감각적인 세계와 이데아의 세계가 어떻게 다른지 중점적으로 다룬다.

플라톤은 디오니시오스 1세 치하의 시칠리아에서 체류하다가 궁정의 관습들이 마음에 들지 않아 도망쳐 나온다. 배를 타고 가던 그는

출생-사망 : BC 427~BC 347년
국적 : 그리스

폭풍우에 휘말려서 에게해의 아이기나에서 잡혀 노예로 팔렸지만 친구가 몸값을 내준 덕에 자유의 몸이 된다. 아테네로 돌아온 플라톤은 아카데메이아라는 학원을 세운다. 아리스토텔레스가 플라톤을 만난 곳이 바로 이 학교이며, 그는 플라톤의 강연을 통해 철학에 깊이 빠져든다.

파스칼의 방

Pascal's Room

나이가 들수록 쓸모없는 사람이
되는 것 같은데 어떡해?

: 파스칼, 시간을 받아들이는 태도 :

당신에게 나이는 숫자에 불과했다. 당신은 나이와 상관없이 상황에 따라 삶에 박차를 가하거나 여유를 부렸다. 주위 사람이 근심 어린 표정으로 세월이 너무 빨리 흘러간다고 푸념할 때도, 이제 나이 먹은 티가 난다고 하소연할 때도 그러려니 했다. 늙는 것이 두렵지 않았다.

당신은 시간을 컨트롤할 수 있다고 생각했다. 흰머리도 당신이 허용하겠다고 결심하기 전까지, 염색하여 가리면 그만이었다. 흰머리가 노화의 신호라 생각하지 않았다. 게다가 당신은 열다섯 살 때부터 똑같은 브랜드의 운동화를 신고 다녔고, 언제나 트렌드를 주도하는 장소를 드나들었다. 당신에게 젊음은 영원할 것처럼 보였다.

하루는 출장을 위해 호텔에 묵었다. 그런데 안내데스크에서 체크인 카드에 날짜와 서명을 반대로 적고 말았다. 하지만 별로 동요하지 않았다. 출장 스트레스 때문에 실수를 한 것이라 생각했다. 또 하루는 영화관에서 훌륭한 리투아니아 영화를 보았다. 그런데 자막을 도통 읽을 수 없었다. 당신은 시력이 문제가 아니라 자막의 서체가 알아보기 힘들어 그렇다고 투덜거렸다.

몇 주가 지난 후, 당신은 맞은편 복도에서 다가오는 친구를 한참이나 알아보지 못했다. 분명 과도한 업무가 문제라고 생각하기 때문에 당신은 걱정하지 않는다. 그러나 이런 일이 반복되는 게 살짝 놀랍기는 하다. 주말에 스트레스를 풀어야겠다고 생각했던 것이 떠오른다. 하지만 지금은 휴식을 취하기에 너무 바쁘다. 좀 더 휴식을 미뤄야 한다.

그러던 어느 날 아침, 당신은 가혹한 진실과 마주한다. 사무실 책상에 허리를 곧게 펴고 앉은 채로는 모니터의 글자가 읽히지 않았다. 모니터 가까이 다가가야 글자가 보였다. 비행기 조종사처럼 시력이 좋다고 자부하던 시절도 있었는데, 하루아침에 나락으로 떨어진 기분이다. 상상도 못 했던 일이다. 이 현실을 외면할 핑곗거리를 더는 찾을 수 없다. 당신은 그제야 의사를 찾아간다. 의사는 당신에게 안경을 써야 한다고 말한다. 어떤 이유도 없다. 세월이 흘렀기 때문이다.

'뭐? 벌써 내가 그렇게 늙었다고?'

당신은 충격에 휩싸이고, 더는 현실을 부정하지 못한다. 부모님을 떠올린다. 부모님은 종종 거실 탁자 위나 서랍 안에 있는 안경을 끝내 찾지 못하고 지친 기색으로 신문을 대신 읽어달라곤 했다. 초등학교 때 담임 선생님도 생각난다. 시력이 안 좋아 돋보기를 쓰셨는데, 당신은 선생님의 돋보기를 숨기며 재미있어했다.

그때 당시 부모님과 선생님은 당신에게 굉장히 나이가 많은 사람이었다. 그런데 이제는 당신이 그 '나이 많은 사람'의 증세를 보이고 있다. 당신은 아직도 자신이 여전히 파릇파릇한 청소년에 가깝다고 생각한다. 도저히 받아들일 수 없는 현실에 당신은 렌즈를 껴야겠다고 생각한다. 렌즈는 겉으로 티가 나지 않으므로 안경을 쓰는 것보다는 정신적으로 견딜 만하게 해준다. 아침마다 손가락을 눈에 넣는다는 게 충격적이긴 하지만 말이다.

일단 렌즈를 껴보고 테스트한다. 하지만 알레르기 반응이 일어난다. 당신의 눈은 이제 안경이 필요하다. 현기증이 난다.

당신은 안경을 맞추기 위해 안과에 갔다. 시력을 재고 안경을 쓴 당신은 그 자리에서 꼼짝할 수가 없다. 안경은 일정표를 관리할 수 있는 시력을 준 대신 당신에게서 자신감을 모조리 앗아갔다. 그동안 당신은 나이를 잊고 언제나 자신의 리듬에 따라 살았다. 그러나 세월은 당신의 리듬과 상관없이 천천히 흘러갈 뿐이다.

'이런 비참한 기분은 처음이야. 내가 늙어버렸다니⋯⋯.'

그 이후, 당신은 이제껏 고수하던 브랜드의 운동화가 편하지 않다. 안경 코 받침이 살을 짓누를 때마다 유유히 흐르는 세월을 성찰하게 된다. 너무 늦게 세월을 깨달았기 때문일까? 당신은 예상치도 못한 속도로 인생의 내리막길을 걷고 있다고 느낀다. 늙고 약해져서 서서히 소멸해갈 일만 남았다는 생각도 든다.

당신은 제 힘으로 시간을 제어할 수 없다는 걸 알지만 자꾸만 시간에 매달리고 싶다. 주름이 살짝이라도 보이면 지질학자라도 된 듯 피부에 생긴 균열들을 꼼꼼히 관찰한다. 더는 집 밖으로 나가고 싶지 않다. 과거가 그립다. 미래는 더 이상 장밋빛이 아니다. 책을 봐도, 드라마를 봐도 이제 큰 감흥을 느끼지 못한다.

　도대체 당신에게 무슨 일이 벌어진 걸까? 그동안 시간을 너무 많이 거슬러, 시간이 복수하는 중일까? 삶의 추를 바로 맞춰 줄 누군가가 필요하다.

파스칼의 철학 상담

"지금 이 순간은
우리가 생각하는 것보다 더 소중해요."

　파스칼은 열아홉 살에 톱니바퀴의 정확성을 활용하여 덧셈과 뺄셈이 가능한 계산기를 발명했다. 수학 천재였던 파스칼에게 숫자를 시간으로 대치하여 인생의 흐름을 좀 더 쉽게 들여다볼 수 있게 하는 것도 그리 어렵지 않았을 것이다. 그가 저술한 『팡세』를 살펴보면 인간은 자신이 원하는 대로 시간과 관계를 맺는다는 사실을 알 수 있다.

과거와 미래만이
머무는 삶

파스칼은 『팡세』에서 우리는 '현재'를 살지 않는다고 말한다. 우리는 '과거'를 기억하고 '미래'를 위한 설계도를 만든다. 그러나 '현재'는 당황스러울 정도로 쉽게 배격한다. 마치 '현재'의 삶이란 아무런 할 일이 없는 자들에게만 주어져 있다는 듯이 말이다. 그렇게 우리는 현실보다 앞서서, 혹은 뒤늦게 수많은 날을 보낸다.

우리는 흐르는 시간을 있는 그대로 받아들이지 않는다. 하지만 주름살이 생기거나 돋보기를 써야 할 때가 되면 슬픔에 잠겨 시간의 지속에 대해 생각하기 마련이다. 현재의 순간을 회피하려는 경향을 고치려면 무엇보다 우리를 먼저 이해해야 한다. 파스칼은 원인을 찾기 위해 우리의 심리 체계를 분석했고 욕망에서 답을 찾으려 했다. 그 결과 욕망이 충족된 경우와 욕망이 충족되지 못한 경우 모두 우리는 현재에서 벗어나려 한다는 사실을 알아냈다.

기뻐도 슬퍼도 어차피
'현재'는 항상 불안하다

먼저, 욕망이 충족되지 못한 경우를 살펴보자. 이때 우리는 '현재'가 기대한 것과 달라 실망하고 욕망은 상처받는다. 우리는 더 나은 삶을 원하므로 미래를 계획할 때면 활기찬 희망으로 가득 차 있다. 하지만 막상 계획을 실현하면 과정이나 결과가 기대와 달라 매우 실망한다. 예를 들어, 몇 주간 준비한 여행이 우리가 기대했던 것보다 재미없고 지루하게 지나갈 때처럼 말이다.

이처럼 '현재'에 실망하면 실망감을 이겨내기 위해 다시 새로운 미래를 전망한다. 영원할 것 같은 환상을 만들어 호들갑을 떤다. 현재에서 벗어나 먼 미래로 나아가기 위해 서두르면서 말이다. 그렇게 우리는 초라한 일상과 상처 입은 욕망에 집착하지 않으려고 시간을 재촉한다. 문제는 똑같은 운명이 우리 앞에 기다리고 있다는 사실이다. 이 환멸감이 현재에서 벗어나려 하는 원인 중 하나다.

두 번째로 욕망이 충족된 경우를 살펴보자. 살아 있는 지금 이 순간이 너무나 아름답고 완벽하다고 느낄 때, 기대했던 것보다 훨씬 더 큰 성공을 거두었다고 느낄 때도 우리는 현재에서 벗어나고 싶어 한다. 왜냐하면 욕망이 충족되었을 때도 욕망이 상처 입었을 때와 마찬가지로 복잡한 감정에 사로잡히기 때문이다.

우리는 결코 시간을
되돌릴 수 없다

파스칼은 인간의 본성이 얼마나 변덕스러운지에 주목한다. 인간은 모든 일이 잘되고 있을 때는 행복과 충만함을 붙잡아두고 싶어 한다. 그리고 그것이 불가능하다는 사실을 알기 때문에, 우리는 흘러가는 시간을 즐기는 대신 영속적인 불안감에 잠식당한다. 우리는 모래시계 앞에서 무력하다고 느끼고, 종말을 이미 알고 있기에 행복한 삶을 향유하지 못한다.

결국 우리는 끝없는 번민에서 헤어나지 못한다. 현재의 시간은 아름답든 실망스럽든 스트레스의 원천이다. 이로 인해 우리는 현실 어디에도 정착하지 못한다. 그러나 느닷없이 걸치게 된 돋보기안경은 도망치고만 싶은 이 현실을 일깨워준다. 불쾌하고도 두려운 상징이다. 이제 어떻게 해야 할까?

시간은 늘 똑같은 속도로 흘러가므로, 시간에 대한 태도는 언제 바꾸더라도 결코 늦지 않다. 파스칼도 이 점을 정확히 지적한다. 사람은 언젠가 누구나 죽는다는 엄연한 사실을 인지하고, 우리의 모든 에너지를 지금 하는 일에 쏟는 게 바람직하다. 우리는 시간 자체를 어쩌지 못해도 시간 속에서 살아가는 방식은 통제할 수 있다. 안경을 쓰는 걸 피할 수는 없지만 삶에 맞설 수는 있다.

늙어간다는 건 우리가 시간을 통제할 수 없다는 사실을 받아들이고, 행동을 다스리며 스스로를 조절해가는 과정이다. 늙어가는 것은 시술로 막을 수 없다. 우리가 탱탱하게 바꾸어야 할 것은 피부가 아니라 현재라는 순간이다. 그러니 늙음 앞에 절망하기보다 기꺼이 안경을 쓰고 예쁜 시계를 차도록 하자. 당신은 현실을 또렷이 응시하기 위해 눈앞을 가린 뿌연 연기에서 벗어날 준비가 됐다.

제 고민은요

"이제야 늙어가는 게 실감이 납니다. 이제 파릇파릇하던 시절은 옛일이고, 볼품없이 늙어갈 날만 남았어요. 시간을 되돌리고 싶고, 흘러가는 시간을 붙잡고 싶어요."

철학 처방전

- 우리는 좌절에 대한 두려움 때문에, 혹은 너무 빨리 흘러가는 시간에 대한 두려움 때문에 언제나 지금 이 순간에 만족하며 살아가지 못합니다.
- 시간은 우리가 인식하지 못한 채로 흘러가기만 합니다. 하지만 우리는 언제나 '현재'를 살고 있기 때문에 현재가 우리를 두렵게 할 수 없다고 생각해보세요.
- 우리는 나이가 들면서 점점 내가 '현재'의 당사자임을 깨닫고 시간을 향유하는 법을 배웁니다. 그러므로 늙어가는 것은 축복입니다.

이 책을 읽어보세요: 『팡세』

이 책은 인간과 신에 대한 탐구를 담고 있다. 신앙심이 없는 인간은 서글픈 삶을 잊기 위해 환락에 취해 시간을 보낸다. 하지만 영성의 길을 따를 때 인간은 평정을 회복하고 행복의 길을 걸을 수 있다.

1623년 프랑스 클레르몽페랑에서 태어난 파스칼은 재능이 풍부한 아이였다. 그는 어렸을 때부터 모든 분야를 섭렵하는데, 특히 자연과학과 수학은 기독교에 심취하기 전까지 그에게 궁극적인 관심 분야였다.

계산기 발명가이자 확률 분야의 선구자인 파스칼은 서른 살에 모든 숫자가 머릿속에 떠오르고, 환영을 보게 되는 신비로운 체험을 한다. 이 경험으로 그는 종교에 몰두하여 인간은 매우 암울한 존재라는 생각으로 철학적 성찰을 시작한다. 그는 인간에게 내적 평화와 진정한 행복은 신과의 관계를 회복할 때만 가능하다고 생각한다.

매우 병약했던 탓에 늘 고통 속에서 살아야 했고 저술 활동도 끊임

출생-사망 : 1623~1662년
국적 : 프랑스

없이 지연될 수밖에 없었다. 그는 조숙한 지성만큼이나 때 이른 죽음
을 맞이했다. 대표작 두 권도 사후에야 출간됐다.

레비나스의 방

Levinas's Room

내 가족인데 남보다 못할 때
어떡해야 하는 거야?

: 레비나스, 타자가 존재하는 이유 :

당신은 물건 하나를 서랍 한구석에 소중히 보관해두었다. 당신에게 이 물건은 부적과도 같다. 종종 책상 서랍에서 포스트잇을 찾다가 손에 닿기도 한다. 그 물건을 바라볼 때면 당신의 눈은 감동의 빛으로 출렁거린다. 대충 잘라 만든 얇은 가죽 끈을 어루만지고 끈에 달린 작은 플라스틱 메모를 볼 때면 과거의 이미지가 영화처럼 펼쳐진다. 바로, 신생아 팔찌다.

이 신생아 팔찌는 아이가 탄생하던 날뿐 아니라, 저 멀리 당신의 어린 시절까지 추억하게 한다. 명랑한 멜로디 아래 펼쳐졌던 어린 시절, 온통 행복으로 가득해 슬픔이란 감정은 바닥에 아이스크림을 떨어트릴 때나 느꼈던 그 시절로.

당신은 항상 아이들을 좋아했다. 아이를 낳기 전부터 주변에 아이들이 있으면 보드게임을 하자며 먼저 다가갔고, 수영장에서도 아이들과 마지막까지 함께 놀아주었다. 아이를 낳고 키우면서는 자녀 교육서 수십 권을 독파했다. 당신은 다른 학부모들이 감탄할 정도로 자애로우면서도 책임감 있는 부모였다. 매일같이 아이들을 스케이트장에 데리고 다녔고, 엄격할 땐 엄격하고 풀어줄 땐 확실히 풀어주면서 아이들을 양육했다.

'눈에 넣어도 아프지 않을 우리 귀여운 아이들!'

아이들이 거실에서 온갖 쇼를 벌이면 당신은 열렬히 박수를 쳤다. 때로는 아이들이 고삐 풀린 망아지처럼 난리법석을 쳐도 전혀 개의치 않고 환호했다. 책을 읽어줄 때는 결코 시계를 본 적이 없었다. 물론 하품도 하지 않았다. 당신은 생일 파티 매니저이자 야외 활동 전문가였고, 정원에 작은 집을 뚝딱 지어내는 건축가이기도 했다. 귀엽고 말 잘 듣는 소중한 자녀들은 당신의 세상 그 자체였다.

그러나 세월은 빠르게 흘렀다. 모든 이가 당신을 인내심 강하고 모범적인 부모라 평가하고 자녀 교육에 대해 조언을 구하곤 했다. 사람들은 아이들이 변덕스러운 괴물이라고 말하지만 당신에게는 그저 사랑스럽고 쉽게 만족시킬 수 있는 인격체였다. 일이 바빠지면서 아이들이 하교할 때 맞이하러 가는 횟수가 부쩍 줄어들기는 했으나, 당신과 아이들의 관계는 전혀 문제없다고 생각했다. 너무 '어려 보이게' 옷을 입는다는 이유로 아이들이 두세 번쯤 불만을 표한 게 다였다. 당신은 텔레비전에서 단골 소재로 다루는 부모와 자녀 사이의 갈등이 먼 이야기처럼 느껴졌다.

그러던 어느 날 저녁, 긴 출장을 마치고 피곤에 지친 채로 집으로 들어서자마자 무언가가 잘못되었다는 사실을 알아챘다. 도둑이라도 들었나? 아니면 우리 집이 아닌가? 왜 양말 한 짝이 대리석 식탁 위에서 굴러다니고, 왜 그 옆에는 딸기잼 병이 반쯤 엎어져 있을까? 왜 과자 봉지와 먹다 만 콜라 그리고 카메라 건전지가 한데 나뒹구는 것인가? 싱크대에는 더러운 그릇들이 잔뜩 쌓여 있고, 거실 소파는 옷걸이로 변해버렸다.

꼬리를 무는 질문 속에 잠겨 말문이 막혀 있는데, 웬 장정이 당신 눈앞에 불쑥 나타나 친절함이라고는 절대 찾을 수 없는 말투로 따지기 시작한다.

"왜 이렇게 일찍 왔어? 내 게임기 어디에 숨겼어?"

이 인간은 누굴까? 귀여운 장난꾸러기 꼬마에게 도대체 무슨 일이 벌어진 걸까? 당신은 언제 소통의 끈을 놓쳐버린 걸까? 그렇다. 당신은 이제 어린이가 아닌 청소년의 부모다.

'저게 정말 내가 낳은 자식이라고⋯⋯?'

반항기로 접어든 그들의 심리를 알기 위해 당신은 얼마나 많은 공부를 했던가. 당신은 청소년의 심리를 분석하는 많은 정보를 습득했고, 아이들은 반항을 하고 자유를 요구하면서 성장해간다는 사실을 받아들였다. 당신은 심지어 쓰지도 않던 유치한 이모티콘까지 활용해가며 아이들과 메신저로 소통하려 했다.

그러나 당신은 아이가 성장하는 과정을 따라잡지 못한다. 그 과정은 어떤 이모티콘으로도 표현할 수 없는 거대한 돌풍과 같다. 당신에게 아이는 이제 낯선 사람이다. 여태껏 함께 살아온 세월이 무색하게도 내 아이라는 생각마저 들지 않는다. 소파 쿠션에 고개를 처박고 "엄마는 지겹다"고 그들만의 은어로 웅얼거리는 사람은 당신이 알고 있던 아이가 아니다. 당신은 아이를 절대로 이해하지 못한다.

상황을 받아들인 후부터 당신은 충격 속에서 살아간다. 자녀 문제라면 다른 부모들에게도 전문가로 불렸던 당신은 이제 없다. 지금 할 수 있는 거라곤 새로운 부족을 발견한 인류학자의 시선으로 현관을 들어서는 청소년을 관찰하는 것뿐이다. 그와 관계를 맺을 수 있는 방법은 전혀 떠오르지 않는다. 보드게임을 하며 같은 땅을 나눠 갖는다 해도, 실제로 같은 세계를 공유하기를 바라는 건 어불성설이다.

당신은 자녀의 패션 스타일과 사고 체계를 파악하여 자녀의 세계를 이해해보려 버둥댄다. 그래봤자 알게 되는 건 기껏해야 자녀가 자기 체격보다 세 배나 큰 후드 집업을 입는 건 또래 사이에 퍼진 유행이지 치수를 잘못 보고 산 것이 아니라는 사실이다. 멀쩡한 청바지를 찢어 입고, 'No Future' 문구가 찍힌 티셔츠만 줄기차게 입고 다니는 이유는 아직도 알지 못했다.

당신은 좋은 부모가 되기 위해 무던히 노력했지만 당신의 '작은 천사'는 이제 절대로 풀 수 없는 수수께끼가 되어버렸다. 자녀가 당신에게 "나는 엄마가 세상에서 가장 싫고, 창피해서 견딜 수가 없어!"라고 선언했을 때 보물 같던 그 신생아 팔찌로 자녀의 입을 꿰매어버릴지 'No Future' 문구가 찍힌 티셔츠라도 입고 다녀야 할지 심각하게 고민한다. 두 사람의 관계는 앞으로도 암울할 것만 같다.

레비나스의 철학 상담

"새로운 사람을 만나면
새로운 나를 발견하게 돼요. 가족도 똑같아요."

　레비나스가 관대함이라고는 전혀 찾을 수 없는 옹졸한 부모 밑에서 반항을 일삼던 청소년이었는지는 잘 모르겠지만, '타자他者, autrui'에 대한 그의 성찰은 당신에게 매우 큰 도움이 될 것이다. 전혀 이해할 수 없는 개인, 즉 타자 앞에서 우리는 어떤 태도를 취해야 할까? 이 질문과 그 답이 바로 레비나스의 핵심 사상이다.

타자,
당신은 대체 누구인가요?

레비나스는 모든 저서에서 동일한 화두를 던진다. 바로 '타자'라는 개념이다. 타자는 우리가 흔히 '남'이나 '타인'이라고 말하는 일상적인 뜻이지만 레비나스 사상에서는 조금 더 심오한 철학적 의미가 더해진다. 레비나스에 따르면, 타자란 우리 앞에 있지만 우리가 아닌 인간이다. 이게 무슨 뜻일까?

타자는 어떤 생각을 하고 있는지 짐작할 수 없는 존재다. 우리에게서 벗어나려 애쓰고 우리와 어긋나려 하므로 우리를 무기력하게 하는 존재이기도 하다. 즉, 타자는 우리 앞에 있지만 우리가 아닌 인간, 즉 우리와 다른 존재이다. 이유는 아주 간단하다. 우리가 아니기 때문이다. 타자는 부모나 배우자를 가리키기도 하고 지하철 안의 어떤 사람이나 회사 사장, 앞집에 사는 이웃이기도 하다. 또한 집에서 함께 사는 자녀도 타자다.

레비나스는 뛰어난 철학적 통찰력을 발휘하여 타자와 우리의 모순적인 관계를 기술한다. 우리는 타자를 견딜 수 없다. 그는 결코 우리가 원하는 대로 반응하지 않으며, 취향이 같지도 않다. 이방인처럼 낯설다. 매우 놀라운 사실은 그럼에도 우리가 끊임없이 그 존재를 찾는다는 것이다.

정말 다르고 미운데
끊을 수 없어

  타자에 매료된 우리는 타자 때문에 짜증이 날 때도, 신경을 끄고 내버려두기는커녕 마음 한구석에서는 그가 나에게서 멀어지지 않기를 바란다. 기어코 그의 상태를 알고 싶어 하며, 주변을 배회하고, 더욱 철저히 그에 대한 정보들을 수집한다.

  타자가 청소년이자 나의 자녀인 경우 이 모순이 모든 면에서 정확히 일치한다. 스마트폰을 쥔 채 비디오 게임에 몰두하면서 부모를 저주하는 '타자'. 우리는 그런 자녀를 그대로 놔두는 대신, 호르몬이 정상으로 돌아올 거라 믿으며 그를 졸졸 따라다닌다. 그러면서 나의 육신에서 나온 또 하나의 육신이 나와는 전혀 다른 존재라는 사실에 얼어붙는다. 어떠한 행동이나 활동도, 어떠한 지식이나 책도 이 관계의 어려움을 제거할 수 없다. 이 타자는 더 나아가 자신을 멸시하기까지 한다. 이해할 수 없는 수수께끼다. 차라리 잘됐다. 바로 여기서 레비나스의 치유책이 개입한다.

  레비나스는 타자가 우리와 전혀 다른 존재이기 때문에 오히려 우리 고유의 삶에 의미를 부여한다고 말한다. 그를 정확히 바라보는 행위가 우리의 정신과 신체에 반응을 불러일으켜 '나'

라는 존재가 성립한다. 우리가 타자를 이해하지 못한다는 사실은 분명하다. 그러나 타자를 바라보면서, 타자가 어떤 점에서 우리를 반응하게 하는지 확인한다면 우리는 스스로를 깨닫게 될 수 있다.

타자가 존재하므로, 나도 존재한다

우리의 본모습은 타자가 표정과 행동, 말 등으로 호기심을 일으키거나 화나게 할 때 드러난다. 결국 우리는 자녀가 저지르는 행태를 관찰하면서 자기 자신을 발견한다. 만약 우리가 집에 혼자 있다면 틀림없이 평온하겠지만, 자아를 발전시키고, 스스로를 성찰하고, 자신을 극복할 기회는 갖지 못할 것이다.

궁극적으로 타자는 우리를 자극하고 반응하게 해 분노의 마음도 한쪽으로 밀어버리고 그를 돌보게 한다. 우리와 다르다는 사실이 오히려 우리에게서 놀랄 만한 연민과 고도의 책임감을 솟아나게 한다. 이러한 타자 철학은 곧 레비나스의 윤리학과 연결된다.

우리는 졸린 듯 축 늘어진 청소년 자녀가 알아들을 수 없는 말을 내뱉어서 피곤해질지라도, 자녀의 이부자리를 살펴며 아기 때 덮었던 이불처럼 폭신폭신한지 끊임없이 확인할 것이다.

우리는 타자를 통해 우리의 이타성을 확인한다. 관계를 개선하기 위해 반드시 그들을 이해할 필요는 없다. 관계의 위기나 우리가 느끼는 배신감, 변화의 시간들은 그리 중요하지 않다. 우리가 해야 할 일은 언제나 같다. 그들을 위해 우리가 존재하는 것처럼 타자에게 헌신하는 것이다. 비록 주고받는 애정이 비대칭일지라도, 때로는 우리의 헌신이 보상받지 못한다고 느낄지라도 말이다. 분명 당신이 아이에게 보여준 사랑과 공감의 힘이 먼 미래에 아이와 다시 함께 보드게임을 즐길 수 있게 만들 것이다.

제 고민은요

"눈에 넣어도 아프지 않을 만큼 소중했던 아이가 사춘기가 되더니 꼭 다른 사람처럼 변해버렸어요. 아이를 이해해보려 노력하지만 아무 소용이 없는 것 같아 지칩니다."

철학 처방전

- 타인은 우리에게 항상 낯섭니다. 청소년은 특히 더 그렇습니다. 그 이유는 단순히 그가 성인처럼 행동하지 않기 때문입니다.
- 우리가 다른 사람을 통해 우리 스스로를 알게 되는 까닭은 그가 우리와 다르기 때문입니다.
- 아무런 보상이 돌아오지 않더라도 청소년 자녀의 마음에 공감해주며 책임지는 것이 도덕적인 삶입니다.

이 책을 읽어보세요 : 『전체성과 무한』

1961년 레비나스는 수년 동안 집필한 박사학위 논문을 출간한다. 그는 철학서에서는 보기 드문 강한 어조로 우리가 타인을 통해서만 자신의 무한성을 발견할 수 있다고 설명한다. 그러니 타인을 증오하기보다는 '타자'로서 제대로 인식해야 한다고 환기시킨다. 비록 타자가 우리에게 낯설지라도 그를 배려해야 한다는 것이다.

|

에마뉘엘 레비나스
Emmanuel Levinas

1906년 리투아니아에서 태어난 레비나스는 유대교의 영향 아래 교육을 받았다. 이를 통해 그는 답 자체보다 질문과 추론에 더 큰 애착을 갖는다. 우크라이나에서 망명 생활을 하는 동안 러시아 문학에 심취하면서부터, 도스토옙스키는 그의 철학에 중요한 위치를 차지한다.

1923년부터 프랑스 북부 스트라스부르에서 철학 공부를 하면서 여러 언어의 특수성을 깨닫는다. 독일에 체류하면서 하이데거를 만나고 이후 1930년에 프랑스로 귀화하여 파리에 수년간 거주한다.

2차 세계대전 발발로 징집된 그는 포로가 되어 독일군 병영에서 5년을 보낸다. 그 와중에 가족들은 모두 아우슈비츠에서 몰살당한다. 이러한 고통스러운 경험은 그의 철학을 근본적으로 바꿔버린다. 그는

1945년 이후, 우리는 타자에게 손을 내밀어야 하며, 도덕이란 무관심을 극복하는 것이라고 더욱 강하게 주장한다.

그의 철학은 이타적 윤리학으로 타자에 대한 책임감을 느껴야 한다고 말한다. 당대 철학에서 한 번도 제기되지 않았던 이 주장으로 그는 매우 중요한 철학자로 우뚝 선다. 1995년 사후 지금까지도 그의 위상은 흔들림이 없다.

하 이 데 거 의 방

Heidegger's Room

내 반쪽의 죽음을
도저히 받아들일 수 없어

: 하이데거, 죽음을 향하는 현존재 :

유기견 보호소, 당신은 우연히 친구를 따라 그곳에 있었다. 동물을 키울 생각은 전혀 없었다. 그러나 불결하고 음습한 거처의 귀퉁이에서 크고 검은 두 눈이 총구처럼 당신의 마음을 겨냥했다. 눈빛에 담겨 있는 절실함이 당신을 뒤흔들었다. 강아지 한 마리가 당신을 지목한 것이었다. 당신은 빠져나갈 도리가 없었다. 강아지는 벌써부터 충성심을 내비치는 자세로 당신을 바라보았다. 마치 친구를 응원하러 오디션장에 갔다가 감독에게 발탁되었다는 배우의 일화가 당신의 이야기가 된 것 같았다.

당신은 동물을 돌보며 함께 살려면, 자유를 빼앗길 각오와 책임감이 있어야 한다는 것을 잘 알고 있었다. 수없이 망설였지만 그날 당신에겐 다른 선택의 여지도 없었다. 그 강아지는 당신의 품 안에 들어와 당신의 일상을 핥아낼 운명이었다. 당신은 담요로 포근히 감싼 이 존재가 당신에게 어떤 의미가 될지 짐작도 하지 못한 채 집으로 돌아왔다. 어리둥절해하는 가족에게 몇 주만 데리고 있을 거라고 설명했지만, 당신은 이 '몇 주'가 지속될 것임을 너무도 잘 알고 있었다.

강아지의 이름은 '귀스타브 존슨'이라고 지었다. 지인들이 제안한 이름은 당신이 듣기에 강아지에게 모욕적이라는 생각이 들어 무시하고 왕족 이름을 붙여 부르기로 했다. 점잖은 이름 덕인지 귀스타브 존슨은 당신의 집에서 품격 있게 살아갔다. 귀스타브는 금세 당신의 집에 적응하기 시작했다. 혓바닥으로 당신을 핥으며 다정하게 자신의 영역을 확보해갔다. 본격적인 동거의 시작이었다.

귀스타브는 독특한 스킨십을 하고 온기를 전하며, 동반자 역할을 능숙하게 수행해나갔다. 아침이면 침대 위에서 꼬리를 머리에 대고 앉아 당신이 일어나기를 기다렸다. 자전거를 타고 산책을 하거나 여름철 물놀이를 할 때도 혈기 왕성하게 당신을 따라다녔다. 당신이 일에 지쳐 힘들 때, 귀스타브는 마치 당신을 이해하기라도 하듯 귀를 쫑긋거리며 애교를 부리곤 했다.

'귀여운 녀석, 오래오래 함께 행복하자.'

언제 어디서나 귀스타브는 힘이 되는 동반자였다. 귀스타브는 정기적으로 산책이 필요했기 때문에 지루한 점심 식사나 난처한 대화를 끊고 벗어날 수 있는 핑계도 되었다. 귀스타브와 다니면 사람들이 웃으며 말을 걸고 윙크를 했다. 또 귀스타브의 이름으로 만든 SNS 계정에 재미있는 사진을 올리면 '좋아요'가 연이어 달렸다.

물론 귀스타브와 함께 살면서 힘든 일도 많이 생겼다. 당신이 가장 싫어한 의무 중 하나는 춥든 덥든 비가 오든 상관없이 귀스타브를 데리고 외출해야 한다는 것이었다. 비가 올 때면 바구니에서 젖은 털 냄새와 사료 냄새가 뒤섞여 악취를 풍기는 바람에 비바람이 부는데도 창문을 활짝 열어버리고 싶은 욕망에 휩싸이곤 했다.

귀스타브와 함께 지내려면 처세술도 늘어야 했다. 예를 들면, 호텔 복도의 베이지색 양탄자에 묻은 진흙 발자국에 대해 호텔 주인이 물었을 때 당신은 어리둥절한 표정을 지으며 자신의 반려견은 완벽한 예절 교육을 받았다며 모른 척한 적도 있었다.

당신은 고속도로 휴게소에서 귀스타브가 가장 좋아하는 장난감을 잃어버려 도시 북쪽에서 남쪽까지 횡단하기도 했다. 한 번씩 귀스타브가 거실을 난장판으로 만들면 울부짖고 싶었다. "너랑 이제 끝이야!" 애인에게 고하듯 협박하기도 했다. 하지만 귀스타브는 당신에게 없어서는 안 될 존재였다.

그러던 어느 가을 아침, 당신은 평소처럼 침대 위에서 당신이 일어나기를 기다리고 있을 귀스타브에게 손을 뻗었다. 하지만 따뜻한 온기가 손에 느껴지지 않는다. 당신은 바구니 안에서 웅크리고 있는 귀스타브를 보았다. 귀는 힘없이 축 늘어져 있고 그토록 활기차던 눈은 흐리멍덩하게 변해버렸다. 간식을 코앞에 들이대어도 귀스타브는 무관심하다. 수의사는 진단했다. 귀스타브는 이제 회복할 수 없을 정도로 아픈 상태라고.

···································

'안 돼, 나는 너를 떠나보낼 준비가 아직 안 됐어.'

···································

당신은 귀스타브가 다시 건강하게 일어나 평생 함께할 거라 확신하면서 수의사의 말을 받아들이기를 거부했다. 오진이 분명하다. 당신은 미친 듯이 다른 전문의들을 찾아다녔고 정성스

레 간호했다. 하지만 당신의 간절한 바람도 귀스타브를 예전처럼 돌려놓지는 못했다.

그리고 바로 오늘, 귀스타브가 건강해지기 바라는 일념으로 약을 사료에 숨겨 삼키게 하고, 귀스타브의 병에 대해 공부하고 기도하던 수많은 노력에도 불구하고 귀스타브는 당신을 떠나갔다. 더는 당신의 정신을 쏙 빼놓을 축축한 코도, 낑낑대던 소리도, 사랑스러운 눈빛도 없다. 당신의 집은 견딜 수 없는 적막에 휩싸였다. 귀스타브가 떠나고 당신은 끔찍한 공허감 속에 혼자 남았다.

하이데거의 철학 상담

"죽음이 일상을 부술 때,
새로 얻게 되는 무언가가 있어요."

하이데거의 사유는 근심과 불안, 존재에 대한 근원적인 질문이라고 규정할 수 있다. 따라서 그의 철학과 반려동물의 죽음을 연결해 바라보는 것이 어색할 수 있다. 그의 철학은 우리가 삶의 대부분을 통속적이고 일상적인 일과 쓸데없는 수다에 빼앗기고 있음을 보여준다. 그러므로 반려동물의 죽음 같은 충격적인 사건을 겪을 때 우리는 현실을 재정비하고 삶의 진실과 의미를 회복할 수 있다는 것이다. 하이데거의 철학 사상에는 죽음이 중요한 요소다. 반려동물의 죽음을 통해 우리는 그의 교훈에 다가갈 수 있다.

소중한 존재의
죽음과 죽음 이후

가까운 이의 죽음은 자기 자신을 더 잘 이해하고 우리가 어디를 향해 가는지 깨닫게 하는 기회가 된다. 그러나 사람들은 대부분 죽음은 모두에게 닥칠 일이므로 말할 필요조차 없다고 생각한다. 죽음은 어찌할 수 있는 게 아니므로, 죽음을 늦추려고 애쓰느니 차라리 다른 일에 관심을 쏟는 게 더 나을 수도 있다고 여기면서 말이다.

또한 죽음은 현재와 멀리 떨어져 있어 실감하기 쉽지 않다. 티셔츠에 그려진 해골 형상처럼 추상적이고 막연하게 느껴질 뿐이다. 우리는 거리를 두고 죽음을 생각한다. 그렇기 때문에 우리는 가족 구성원으로, 직업인으로, 사회인으로 해야 할 일들을 두려움 없이 수행해가고, 태평하게 삶을 영위할 수 있다.

그러나 반려견이 사라진 빈 바구니 앞에서도 위와 같은 태도를 유지할 수 있을까? 우리가 무관심했던 '모두의 죽음'에서 '모두'는 완전히 다른 얼굴로 나타난다. 죽음은 당신을 간질이던 부드러운 털과 천진한 눈동자를 무참히 앗아갔다. 반려견의 죽음 이전과 죽음 이후, 당신의 일상은 결코 같지 않다. 죽음은 난폭하게 다가와 우리를 무의미한 일상 속에서 끄집어낸다.

당신은 더 이상 죽음을 외면할 수 없다. 그 순간, 하이데거가 '현존재'라고 명명한 우리의 존재를 격렬히 자각하고 깨닫는다. '현존재'는 우리를 고유한 존재로 만들어주는 그 무엇을 말한다.

우리는 태어났으므로
결국 죽는다

반려견의 죽음은 비극적인 사건이지만, 당신이 진정한 삶을 시작하는 계기가 될지 모른다. 당신은 반려견의 죽음을 통해 실존의 의미를 성찰할 수 있다. 반려견이 호텔 양탄자를 더럽혔던 일, 장난감을 찾아 도시를 횡단했던 일처럼 일상에서 겪는 사건으로 괴로워하던 것을 멈추고 자신의 존재를 돌아볼 수 있다.

하이데거가 말하는 현존재는 수많은 단편으로 분할되는 시간 속에 존재하며, 본질적으로 '죽음에 이르는 존재'라고 할 수 있다. 이 개념은 우리에게 죽음이 예정돼 있음을 의미한다. 결코 유쾌한 개념은 아니지만 하이데거는 이 개념을 부정적인 의미로 사용하지 않고 단지 죽음이 인간에게 주어진 현실에 속해 있음을 보여주려 할 뿐이다.

우리는 죽음에서 벗어나기 위해 죽음을 은폐하려 애쓰면서 우리의 고유한 본질마저 회피하려 한다. 죽음에 대해 생각하기를 거부하는 것은 결국 우리를 규정하는 근본적인 불안, 즉 삶이 어느 날 멈춘다는 생각을 부정하는 것이다.

그러나 반려견의 죽음을 통해 그 운명을 받아들이고 죽음에 대해 생각하는 것은 오히려 자신을 이해하는 행위다. 이 또한 우리 일상에 진정한 의미를 부여하는 일이며, 죽음이란 불가피할 뿐 아니라 삶의 핵심임을 인정하는 일이다. 인간은 탄생하는 순간부터 언제라도 죽을 수 있다. 이는 인간에게도 동물에게도 똑같이 유효하다.

하이데거에게 진정한 삶이란, 삶이 죽음과 결부돼 있다는 사실을 진솔하게 받아들이는 삶이다. 상실을 인식하는 건 담대하고 명석하게 그것을 수용하는 것이다. 또한 통속적이고 비본질적인 것들에 관심을 쏟으며 시간을 보내기보다, 스스로 일상에 가까이 다가갈 수 있도록 기회를 주는 것이기도 하다.

따라서 비록 반려견의 죽음 앞에서 그의 초췌했던 얼굴을 그리워하며 괴로워하고, 빈 바구니만을 하염없이 어루만지며 그 옆에 머물고 싶다 해도, 고통이 사라질 때까지 온갖 짓을 한다 할지라도, 죽음을 부정하려 헛되이 애쓰지 말자. 반려견의 죽음은 인간에게 용기를 심어주고, 죽음의 냉혹함 속에서도 상실과 맞설 기회를 제공해준다. 그러니 당분간 현존재라는 훌륭한 개념을 당신의 반려견으로 삼는 것은 어떨까?

제 고민은요

"제 일상의 전부였던 반려견이 하늘나라로 갔어요. 아직 죽음을 받아들일 수가 없어서 장난감 하나도 버리지 못하고 있어요. 아직도 모든 게 거짓말 같아요."

철학 처방전

- 우리는 쓸데없는 걱정만 하면서 인생의 의미를 망각합니다.
- 개인은 하나의 '현존재', 즉 유일한 존재입니다.
- 죽음에 대해 의식하는 일은 결코 암담하지 않습니다. 반대로 삶에 의미를 부여하며 무익한 것들로 혼란스러워지는 대신 삶을 만끽하도록 해줍니다.

이 책을 읽어보세요 : 『존재와 시간』

매우 난해한 내용이지만 동시대 형이상학 분야의 책 중 반드시 읽어야 할 책이다. 이 책에서 하이데거는 존재의 의미에 대해 전례 없는 새로운 탐구를 시도하면서, 시간을 존재를 이해하는 도구로 분석한다.

마르틴 하이데거

Martin Heidegger

1889년 독일의 작은 마을 메스키르히에서 태어난 하이데거는 독실한 가톨릭 가정에서 성장했다. 청년기에는 수많은 신학서와 아리스토텔레스의 책을 탐독했다. 본래 성직자가 되려 했으나 종교는 철학과 양립할 수 없다는 생각에 계획을 포기했다.

1916년 철학자 에드문트 후설Edmund Husserl의 어시스턴트가 되면서 현상학에 심취하지만 이내 멀어진다. 1923년에는 마르부르크대학교 교수로 취임하면서 학생들에게 지대한 영향을 미친다. 그중 한나 아렌트Hanna Arendt, 레오 스트라우스Leo Strauss, 한스 요나스Hans Jonas가 주목할 만한 사상가로 성장한다. 그의 저작 대부분은 존재에 대한 질문, '무엇이 우리의 존재를 만드는가'에 집중한다. 1930년대는 정치적으로

출생-사망 : 1889~1976년
국적 : 독일

암울했던 만큼 철학적으로 매우 풍성하였으므로, 그는 형이상학 영역
에서 피해갈 수 없는 여러 중요한 질문을 남겨놓았다.

칸트의 방

Kant's Room

사람을 적당히 사랑하는 게
너무 어려워

: 칸트, 사랑과 이성의 줄다리기 :

오후 4시 24분. 당신은 조바심에 애가 끓는다. 마치 지루한 수업 시간이 끝나길 기다릴 때처럼 시곗바늘이 딱딱하게 굳어 멈추어버린 듯하다. 오늘은 열흘간의 여행을 마치고 오랜만에 애인을 만나는 날이다. 연애를 시작한 후 처음으로 애인 없이 떠난 여행이었다. 이렇게 오래 만나지 못한 적도 처음이었다. 열흘 동안 쌓은 추억은 그가 없었기에 아무런 의미도 없었다. 여행 동안 애인이 보고 싶어 미칠 것 같았다. 그래도 여행만 끝나면 곧 다시 볼 수 있다는 희망으로 버텼다.

당신은 자신이 연약하고 인내심이 없는 사람이라는 걸 새삼 깨닫는다. 약속 시간이 될 때까지 거실을 빙빙 돌던 당신은 생각을 떨쳐버리겠다는 일념으로 친구에게 전화를 하고, 어서어서 시간이 가기를 바라며 책상 정리를 한다. 그러나 제멋대로 날뛰는 심장 탓에 어떤 일에도 집중할 수 없다. 마치 애인을 처음 만난 날처럼 설레어 아무것도 손에 잡히지 않는다.

'어쩜, 겨우 열흘을 못 본 건데 1년은 못 본 것 같지?'

오후 5시. 도저히 더는 기다릴 수 없어서 약속 장소까지 걸어가기로 한다. 길을 따라 걸으며 애인과 뜨겁게 사랑했던 지난 몇 달간을 돌이켜본다.

짧았던 밤들, 잠깐이라도 얼굴을 보려고 몰래 사무실을 빠져나왔던 일, 끝없이 터지던 웃음들. 마주 보고 함께하던 저녁 식사들……. 이 장면들을 모두 모으면 아름답고 로맨틱한 영화 한 편이 만들어진다. 둘의 사랑은 영화 〈러브 스토리〉처럼 애절하다.

사실 당신의 삶은 영화로 만들어진다면 혹평이 달릴 만큼 통속적이다. 하지만 당신은 삶의 기쁨을 무한히 느낀다. 친구들은 남자에게 콩깍지가 단단히 씌어 모임에도 나오지 않고, 애인에게 푹 빠져 헤매는 당신을 비난한다. 게다가 당신의 애인이 편집증이 심하고 성격이 나쁘다며 줄곧 헐뜯으면서, 부적절하고 천박한 행동을 일삼는 남자에게서 당신을 지키기 위해 하는 말이라고 한다. 부모도 당신과 애인의 관계가 너무 빨리 진행된다고 생각한다. 언니는 당신의 애인이 당신을 학대한다고 생각하며 반드시 그 사실을 증명하겠노라 장담한다. 그러나 당신은 그들이 단지 시기심 때문에, 그리고 당신에게 애인이 있는 상황이 익숙하지 않아서 애인을 좋지 않게 보는 것이라고 굳게 믿는다.

'우리 애인 같은 사람이 또 어디 있다고 다들 난리야!'

당신은 애인의 잘생긴 얼굴과 유머 감각, 그리고 거부할 수 없는 매력에 눈이 멀어 이들의 얘기를 통째로 부인해버린다. 사람들이 뭐라고 말하든 중요하지 않다. 애인과 함께라면 어디든 따라갈 각오는 이미 섰다. 도덕과 관습을 뛰어넘는 어둡고 뜨거운 열정 속에서 앞이 전혀 보이지 않는다 해도 말이다.

그와 함께 있으면 이제껏 한 번도 느껴보지 못한 강렬함이 당신의 영혼을 송두리째 흔들어놓는다. 마음 깊은 곳에서부터 솟구치는 이 열정을 어떻게 부인할 수 있는가? 당신 안에서 일어나는 사랑의 소용돌이와 걷잡을 수 없는 돌풍에 당신이 매번 속수무책으로 거꾸러진다는 사실도 잘 알고 있다. 그러나 지금은 이 사람이 변화무쌍한 기후처럼 당신을 들었다 놨다 할지라도 언젠가 당신과 평생을 같이할 운명의 배우자가 되리라 확신한다.

약속 장소에 생각보다 너무 일찍 도착했다. 그래도 조금만 기다리면 곧 그를 본다. 낭만이 가득한 이 카페에서 사랑하는 그를 다시 만날 생각을 하니 행복이 더욱 피어오른다. 당신은 애인을 마주할 순간을 그리고 또 그린다. 안도감과 욕망 그리고 흥분이 뒤섞여 환희로 차오를 그 순간을. 심장은 조깅을 할 때보다 더욱 세차게 쿵쿵거리며 축복의 시간을 기다린다.

옷을 고를 때도 신중에 신중을 기했다. 너무 꾸며서 촌스럽게 보이지 않게 심플한 옷을 선택했지만 그렇다고 너무 신경 쓰지 않았다는 느낌을 주지 않도록 액세서리로 확실한 포인트를 줬다. 완벽한 차림으로 카페에 앉은 당신은 서빙 직원조차도 갑자기 당신의 행복을 위해 존재하는 것만 같다. 이런 당신을 누가 막을 수 있겠는가.

마침내 카페 손님들 사이로 길을 트며 다가오는 그가 보인다. 기쁨으로 입이 벌어져 활짝 미소를 짓는 당신의 눈에는 그의 일그러진 표정이 보이지 않는다. 머릿속에는 줄리아 로버츠처럼 그의 품으로 펄쩍 뛰어올라 안기고 싶다는 생각뿐이다. 하지만 테이블 앞으로 다가온 그는 리처드 기어처럼 행동할 마음이 전혀 없어 보인다. 당신은 여독이 제대로 풀리지 않아서 그럴 거라고 생각한다. 불안함에 마음이 요동칠 때면 어떤 구실이든 필요하다.

그런데 기대했던 키스 세례는 고사하고 당신을 바라보는 그의 시선은 냉랭하기만 하다. 당신은 무언가 잘못됐다는 것을 느낀다. 전기 충격이 가해진 듯 온몸이 찌릿찌릿하다. 하지만 이어질 충격에 비하면 그건 아무것도 아니다.

"우리 그만 헤어지자."

당신의 의심과 상대의 무덤덤함과 깨져버린 미래가 뒤죽박죽 뒤얽힌다.

"자기 때문이 아냐. 나 때문이야."

그가 내뱉는 이별 선언은 '첫눈에 반했다'는 고백만큼이나 평범하다. 한 편의 로맨틱 코미디가 비극으로 바뀌는 순간이다. 딱하다는 표정으로 바라보는 주변 사람들의 시선이 부담스럽다. 그는 당신을 그곳에 내버려두고 심지어 계산도 하지 않고 나가버린다.

사랑하는 이는 다른 인생을 살기 위해 떠났다. 당신은 충격과 절망에 사로잡힌다. 그 자리에 얼어붙은 채 행여나 그가 돌아올까 출입문만 하염없이 바라보지만 더는 희망이 없다. 그는 찬바람만 남기고 휑하니 떠났다. 이제 현실을 받아들여야 한다. 애인은 당신을 홀로 남겨놓았다. 당신의 마음은 기다림이 아니라 슬픔으로 휘몰아친다.

'영원히 나만 사랑해줄 거라면서. 이게 다 뭐야.'

저녁 6시 30분. 열정적인 사랑은 끝났다. 정신은 황폐해지고, 심장은 축 늘어지고, 눈은 물기로 축축하다. 넋이 나간 당신은 바닥에 박힌 듯 꼼짝도 하지 못한다. 지난 몇 달 동안 거대한 사기극에 놀아난 기분이다. 그의 마음에 진심이 조금이라도 있기는 했을까?

친구들에게 전화할 엄두는 내지 못한다. 위로는커녕 제 예상이 맞았다며 쾌재를 부르고 의기양양한 표정을 지을 게 뻔하다. 이제 어떻게 해야 할지, 무슨 생각을 해야 할지 알 수 없다. 지금 당신에게 당장 필요한 것은 술 한잔, 그리고 한 걸음 물러서서 냉정하게 상황을 판단하고 정신 번쩍 들게 해줄 단단한 조언뿐이다.

칸트의 철학 상담

"영화 같은 사랑보다는
이성적이고 담백한 사랑을 찾아요."

칸트는 열정적인 사랑에 대해 잘 모를 것이다. 평생 명상과 공부에 삶을 할애했으므로 그의 일상은 언제나 한결같았다. 순수하고 지적인 이 철학자는 사랑의 소용돌이에 휘말린 적도 없었다. 그의 삶은 이성과 이성적인 실천으로 가득 차 있었다. 우리는 칸트가 살아온 삶의 방식을 통해 슬픔을 달래는 방법과 뜨겁다 못해 우리를 괴롭게 만드는 사랑을 다스리는 방법을 엿볼 것이다.

사랑의 열병 속
이성의 자리

칸트 철학은 이성과 감정을 대립하는 것으로 보지 않는다는 장점이 있다. 비록 하나를 비판하며 다른 하나의 가치를 더 높이 평가하지만, 칸트가 궁극적으로 말하려 했던 것은 이성과 감정의 상호 관계였다.

칸트는 경험이 아닌 성찰을 통해 이성을 얻을 수 있다고 말한다. 즉, 반드시 어떤 일에 몸소 부딪쳐 경험해야만, 합리적인 판단을 할 수 있는 것은 아니다. 이성은 앎을 얻고 적절한 행동을 할 수 있게 하는 분석, 성찰, 추론의 힘이자 등대이다.

열정적인 사랑은 계획 없이 일어나는 감정이며 어떤 행위로도 다스릴 수 없다. 또한 일시적인 기분이어서 이성이 끼어들 틈이 없다. 칸트에게 이 같은 열정은 단순한 감정이 아니라 영혼을 좀먹고 정신을 피폐하게 만드는 병이며 그 끝은 몹시 격렬하다.

이런 열정은 어디에서 생기는 것일까? 그것은 바로 사랑으로 요동치는 마음, 기대감, 조급함 그리고 대상의 미화에서 시작된다. 사랑의 열병에 휩싸이면 현실과 멀어지고 올바른 판단 능력을 상실한 우리에게서 이성은 형체도 없이 사라진다.

칸트는 저서 『실용적 관점에서 본 인간학』에서 감정의 정의와 감정에 매몰될 때 생기는 위험에 대해 다룬다. 칸트식으로 말하면, 열정적인 사랑은 위험하다. 결국 그 열정이 부도덕한 행위를 일으킬 확률이 높기 때문이다.

사랑을 위해
죽을 수도 있다고?

그렇다면 열정적인 사랑과 부도덕성은 어떻게 연결될까? 이 둘은 아주 손쉽게 한패가 된다. 열정이 합리적인 사고를 방해하기 때문이다. 우리는 사랑에 빠지면 내면에서 울리는 이성의 소리도, 부모나 친구의 말도 듣지 않는다. 그렇기에 이성적으로 비교하고, 판단하고, 선택하고, 부딪치고, 질문할 수 없다.

사랑에 불이 붙으면 사랑하는 사람과 떨어지자마자 불안에 사로잡히고, 다시 만날 때까지 남은 시간만 미친 듯이 헤아린다. 마음은 폭풍이 몰아치는 바다처럼 요동친다. 우리는 격정에서 헤어날 길이 없고, 도덕적 실천에 필요한 모든 의지를 상실한다. 칸트 철학에서 이성은 도덕 법칙을 토대로 한다. 도덕 법칙은 보편타당한 방식으로 행동하는 것을 말한다.

그러기 위해서는 무언가를 행하기 전에 나의 행동이 모두를 위해 옳은지 자문해야 한다. 따라서 애인과 키스하는 그 순간 격렬히 요동치는 심장 소리만 들을 것이 아니라 자신의 이성을 사용할 수 있어야 한다. 이성과 도덕은 연결되어 있다. 하나를 팽개치면 다른 하나 역시 버려진다.

그게 다가 아니다. 걷잡을 수 없는 감정 속에 살고 있으면 비도덕적인 행위를 해도 무감각해지며 자유 또한 제한된다. 이성적으로 생각하고 한 발짝 물러나 성찰할 수 없다면 우리는 무엇이 우리에게 정말 좋은 일인지 잊어버린다. 누군가에게 집착하면 그 관계가 자신에게 도움이 되는지 생각해볼 여유도 사라진다. 감정은 우리를 무언가의 노예로 만들어버린다. 그 상태에서는 스스로 아무것도 할 수 없다.

열렬한 사랑보다는
진정한 사랑을

칸트는 변화무쌍한 감정에 속아 지내다가, 욕망이 충족되고 관계가 정착되면 사랑의 감정이 흔적도 없이 사라진다고 설명한다. 만약 애인의 사랑이 먼저 사라지게 되면, 남은 우리는 카페 테이블에 홀로 앉아 울 수밖에 없다. 아찔한 감각으로 정신을 혼미하게 만드는 감정에 사로잡히면 우리는 다른 사람 속에서 자기 자신을 쉽게 잃어버린다.

당신처럼 자신의 이성과 이렇게 거리를 두고 사랑에 빠지는 건 칸트로서 상상도 할 수 없는 일이다. 그러나 그는 열렬한 사랑에서 벗어나되 영원히 독신으로 살라고 말하지 않는다. 그는 사랑과 열정을 구분함으로써 우리에게 놀라운 위로를 준다. 감정에 치우친 열렬한 사랑이 거짓되고 병적이고 일시적이라면, 진정한 사랑은 이성적이고 지속적인 관계를 만들기 때문에 두려워할 게 전혀 없다. 사랑하는 사람은 지혜로운 상태로 남아 있고, 환상보다 의지에 의거한 자신의 감정에 기댈 수 있다.

참된 사랑은 감정의 기복이 덜하고 더 굳건하다. 열정과 사랑을 혼동하고, 고통을 피하기 위해 사랑을 거부하는 건 자신의 이성과 마음이 조화롭게 일치하는 기적을 스스로 박탈하는 것이다. 따라서 열렬한 사랑에 잘못 이끌려 노예가 되기보다 눈물을 닦고 당신의 이성을 재발견하고, 영화 속에서나 등장하는 이상적이고 낭만적인 장면을 포기해야 한다. 현기증 나는 열렬한 사랑보다는 진정한 사랑을 택하자. 그 사랑은 더 아름답고, 더 지속적이며 얼음을 띄운 보드카보다 더 강렬하다.

제 고민은요

"저는 정말 진심으로 그를 사랑했어요. 밤낮없이 열과 성을 다해 사랑한 게 잘못인가요? 허무하고 고통스럽습니다. 이제 앞으로 어떻게 사랑을 해야 할지 모르겠어요."

철학 처방전

- 열정은 우리가 이성적으로 사고하는 능력을 잃게 만듭니다. 우리를 연약하게 만들기도 합니다. 열정에 사로잡히면 깊이 생각하기란 불가능합니다.
- 열정은 도덕성과 자유를 박탈합니다. 우리의 이성은 더는 스스로의 존재를 입증하는 데 이르지 못하고, 자신을 배제하고 다른 이만 생각하게 만듭니다.
- 사랑과 열정을 구분해야 합니다. 열정은 우리를 고통으로 이끌지만 사랑은 훨씬 안정적이며 지속적입니다. 우리 존재의 기틀은 이성 위에 만들어집니다.

이 책을 읽어보세요: 『실용적 관점에서 본 인간학』

칸트의 저서 중 가장 유명한 작품은 아니지만 1798년 강의록 시리즈로 출판되었으며 인간학, 수학, 물리학 같은 다양한 분야를 세밀하게 파헤친 책이다. 사랑을 포함한 모든 측면에서 인간을 분석한다.

이마누엘 칸트
Immanuel Kant

1724년 독일 쾨니히스베르크에서 태어난 칸트는 열한 명의 자녀 중 넷째였다. 가난하고 독실한 기독교 가정에서 자랐으며 평생 동안 고향을 한 번도 떠나지 않았다. 뉴턴의 물리학에 관심을 가졌던 그는 경험에 의하지 않고도 과학 법칙을 성립할 수 있다는 가능성을 발견하고 이에 매료되었다. 독일 석학 중에서 손꼽히는 인물인 칸트는 대학에서 가르쳤던 초창기 철학자였다.

또한 칸트는 정해진 시간표에 맞춰 정확하게 살아가는 걸로 유명했다. 평생 독신으로 살았고 연애도 하지 않았다. 수많은 강의를 하면서 나머지 시간은 모두 도덕, 미학, 정치 분야를 파고들며 철학 저작물을 쓰는 데 바쳤다. 1781년에 발표한 가장 유명한 저서 『순수이성비판』

출생-사망 : 1724~1804년
국적 : 독일

은 저술하는 데만 11년이 걸렸다. 이 책에서 그는 형이상학이 왜 진정한 앎을 만들 수 없는지를 보여준다.

1804년 고향에서 임종을 맞이하면서, "좋다!"라는 한마디를 남기고 세상을 떠난 것도 유명한 일화이다. 그의 철학은 지금도 학계에 매우 큰 영향을 끼치고 있다.

베르그송의 방

Bergson's Room

이러려고 퇴사한 건 아닌데
벌써 후회가 돼

: 베르그송, 새로운 나를 창조하는 일 :

당신은 결국 해냈다! 다른 동료들이 온순하게 하루짜리 휴가를 쓰며 끝이 있는 자유를 누리던 10월의 어느 날, 당신은 드디어 사표를 냈다. 연극배우 못지않게 극적인 몸짓과 비장한 표정은 CCTV에만 담기기에 아까울 정도였다. 회사를 나설 때는 안내데스크에 네모난 플라스틱 사원증을 보란 듯이 내던졌다. 직원 식당 식권이 아직 남아 있다는 사실도 새카맣게 잊어버리고 말이다. 그렇게 당신은 일용할 양식을 포기하고 지난 12년간의 월급쟁이 생활을 깔끔하게 청산했다. 엄청난 해방감을 느꼈다.

당신은 몸과 정신이 망가지기 전에 회사를 떠나야 한다고 생각했다. 사표와 함께 당신은 오전 8시 15분마다 진행하던 브리핑도, 프레젠테이션도 머릿속에서 폭파시켰다. 책상 밑으로 휴대 전화를 숨기고 몰래 SNS 알림을 확인하다 주의를 받던 일도 끝이다. 커피머신 앞에서 무의미한 수다를 떠는 일도, 직원 식당에서 불어터진 스파게티를 먹는 일도 더는 당신의 인생에 없다.

훨씬 더 나은 삶을 살겠다는 일념으로 직장을 떠났으니 이제는 무엇과도 바꿀 수 없는 호사를 누릴 일만 남았다. 당신의 이름 옆에 사장 직함이 딱 박힌 명함도 최대한 빨리 만들 예정이다. 당신은 완전한 해방과 자유를 얻었다. 사무실 책상을 정리하고 나오는 길, 연민 넘치는 눈으로 동료들을 바라보며 생각했다.

'시키는 대로만 일하며 사는 건 정말 안타까운 일이지.'

이제 월요일부터 입고 싶은 대로 입고, 코워킹co-working 사무실에서 아침 식사로 유기농 그래놀라를 먹고, 평일을 주말처럼 누리고, 원할 때 원하는 곳에서 일할 수 있는 자유와 무한한 가능성이 눈앞에 있다.

드디어 스타트업 라이프를 시작한다. 당신은 먼저 이메일 주소를 만든다. 누가 시켜서 하는 일이 아니라, 내면에 숨어 있던 욕구와 일치하는 일을 하고 있다는 점에서 행복을 느낀다.

'저녁마다 브레인스토밍을 하며 열정을 끝없이 표출하리라!'

심장이 마구 쿵쾅거린다. 당신은 이 공간을 성공 스토리의 장으로 만들고자 생각한다. 동시에 비관적인 생각은 완전히 지워 버린다. 오랫동안 추구하던 가치관이 행동으로 실현되고 있다. 자신이 바로 운명의 주인이며, 확실한 전략과 방향성을 지니고 있다고 생각한다. 부모는 걱정을 하면서도 당신의 결정을 응원하고 친구들은 당신을 부러워한다.

창업을 시작하고 초창기에는 청 재킷 밑에서조차 날개가 돋아나는 것 같다. 당신은 확신에 가득 차 비상이라도 할 참이다. 홈페이지 디자인을 공들여 선택하는 건 행복한 취미가 되고, 천편일률적인 사이트 메뉴의 한계도 당신의 뛰어난 창의력 앞에서 소용없다. 미팅을 할 때마다 당신은 창업가 정신의 위대함을 찬양한다.

6개월이 지났다. 당신에게 주어진 새로운 노동 환경이 이제는 더 이상 좋지 않다. 게다가 이상한 강박관념에 서서히 젖어 들고 있다. 미친 듯이 '새로고침'을 하며 메일을 확인하는가 하면, 저녁 식사 도중에도 눈은 계속 스마트폰으로 향한다. 고객

이 메시지를 보내면 아무리 사소한 사항이라도 부리나케 손을 뻗을 태세다. 당신은 순간마다 신속하고 똑 부러진 응대를 해야 한다고 생각한다.

당신은 브랜드 이미지를 걱정하여, SNS에 당신의 상품에 대한 글이 올라오면 전부 댓글을 단다. 당신은 밤마다 울타리를 뛰어넘는 양들을 세는 대신 인스타그램에서 '좋아요' 수를 센다. 그러다가 마침내 스스로에게 가하는 스트레스가 상사가 주는 스트레스보다 훨씬 더 끔찍하다는 사실을 깨닫는다. 게다가 혼자 일하다 보니 누구에게든 간절히 부탁할 일들이 넘쳐난다. 가족들은 당신 눈이 충혈된 것을 발견하고 걱정한다. 당신은 아드레날린이 과하게 분비되었을 뿐이라고 둘러댄다.

이제 회사를 다닐 때처럼 일요일 아침에 평온하게 늦잠을 잘 수 없다. 일요일 아침은 이제 외국 공급업체와 전화 미팅을 하는 시간이다. 게다가 그들은 금융시장 법에 대해 이야기한다. 그럴 때마다 시장이란 과일이나 채소를 파는 곳에 불과했던 몇 개월 전을 떠올린다.

그래도 편안한 복장을 입고 일하는 게 어디냐며 위안을 삼으려다가도, 현실 속의 당신은 허겁지겁 옷을 입느라 편한 옷을 찾을 여유조차 없다는 사실에 절망한다. 당신이 일하는 근무 조건을 계약서로 정리한다면, 근무 시간은 하루 24시간일 것이다.

그리고 계약서에는 일과 삶의 균형을 해치는 위험한 특별 조항까지 붙어 있다.

'시키는 사람만 없어졌지, 결국 내가 다 해야 하잖아?'

지위는 상승했으나 스스로를 구속하기 시작했다. 당신은 공휴일에 회계 처리를 하고, 쥐꼬리만 한 수입에서 보험료를 빼기 위해 계산기를 두드리고 침대에 누운 순간에도 일에 대해 생각하는 자신을 깨닫는다.

그리고 매일매일 쏟아지는 일 속에서 헤어날 수 없다. 옆집 사람에게 휴가를 떠나는 건 야망도 없는 게으른 자들이나 하는 짓이라고 말하면서도, 자신의 몸이 지금 당장 휴식이 필요한 상태라는 걸 알고 있다.

당신은 멋지고 여유로운 스타트업 대표였지만 이제는 스스로 모든 걸 통제하기 원하는 편집증 좀비가 되었다. 이제 더는 당신 행동을 책임져줄 사장도 없다. 창업하는 건 좋은 일이다. 그러나 기력이 쇠진하면서 처음 창업을 시작할 때 느꼈던 설렘은 어느새 사라졌다. 너무 기진맥진해서 직원 식당에서 먹던 스파게티와 넥타이를 맨 정장 차림 그리고 계약서에 명시된 정해진 일과가 그리울 지경이다. 게다가 다른 사람과 함께 일하지 않으니 트렌드에서도 뒤처진다. 그런 당신에게 창업의 이점을 다시 깨닫게 할 브리핑이 즉시 필요하다. 명함을 불살라버리고 구직 센터에 출근 도장을 찍는 일이 없도록 말이다.

베르그송의 철학 상담

"노력으로 얻은 열매는 달고,
또 다른 무언가를 창조해낼 씨앗을 남겨요."

사실 베르그송은 캐주얼한 트렌드를 선호하는 요즘 사람들이 보기에 답답해 보이는 면이 많은 철학자이다. 그럼에도 우리가 베르그송을 호출하는 이유는 시간이 바로 그의 연구 분야이기 때문이다. 창업을 시작한 당신에게 지금 가장 필요한 것은 시간이다.

처음 사업을 시작하던 날에 스스로에게 부과한 성공 의지를 다시 불태우려면 약간의 시간과 인내 그리고 생각이 필요하다. 성공에 대한 확신이 사라졌다면 비전을 잃었다는 뜻이다. 만일 당신이 지쳤다면, 매일 해치워야 하는 수백 가지 일에 치여서

활력이 사라졌기 때문이다. 하지만 걱정하지 마라. 베르그송은 우리가 창업을 시작할 때 느끼던 격렬한 떨림을 다시 기억하게 끔 도와줄 것이다.

숨어 있던 잠재력을
폭발시키려면

당신은 지금 성공하기 위해 모든 일을 헤쳐 나가야 하는 시기이다. 이 시기를 통해 초보 사장은 전문가로 거듭난다. 설명을 반복하고, 고통을 견디고, 때를 기다리면서 장애물을 하나씩 뛰어넘고 앞으로 나아갈 수 있다.

베르그송은 일이 고통스럽고 힘들다는 점을 공공연히 얘기한다. 하지만 동시에 일의 부정적인 측면만이 아니라 긍정적인 측면을 함께 말한다. 베르그송에 따르면 일은 매우 소중하고 좋은 것이다. 성공이나 칭찬 혹은 수많은 찬사보다 훨씬 소중하다. 일 덕분에 우리는 한층 더 높은 단계로 들어서고, 닿을 수 없다고 생각했던 공간으로 모험을 떠나며, 생각지도 못한 능력을 자신에게서 끌어낸다.

자신을 극복하려면 예측하지 못한 일에 맞서고, 힘든 일을 해내고, 기존의 질서에 저항해야 한다. 안전지대에서 벗어난다는 건 지루한 일을 보란 듯이 내팽개치고, 단순히 기존 규범에 반대하고, 사회적으로 인정받는 직업을 버리는 것이 전부가 아니다. 스스로 힘을 시험하고, 돌발 상황이 닥쳐도 결심을 굳건히 지켜야 한다는 의지까지 포함한다. 따라서 폭풍우를 두세 번 이겨내고, 키보드 앞에서 수많은 밤을 새우고 견디는 시간이 필요하다. 휴가를 갈 수 없어 화나더라도, 고통을 견뎌내고 쟁취한 승리와 인생에서 정복한 영토는 온전히 당신 몫이다.

이전에 없던 무언가를
만들어내는 기쁨

베르그송은 성공만을 추종하는 사상가는 아니다. 장애물의 이점을 깨닫게 하여, 수많은 서류를 채워나갈 때 좌절하지 않도록 돕는다. 그는 또한 창조하는 일에 찬사를 보내며 노력의 가치를 한 차원 끌어올린다. 우리는 왜 노력을 통해 기쁨을 얻을까? 단순히 고통을 견디고 어려움을 극복해서만은 아니다. 우리가 무언가를 창조하기 위해 일한다는 자부심을 갖고 있기 때문이다. 마치 작품을 완성하는 화가나, 아이를 출산하는 어머니, 중요한 개념을 발견하는 학자처럼 말이다.

사업체를 꾸리고 키워가는 창업자의 행복은 부와 명예에 비례하여 상승하는 것이 아니다. 물론 부와 명예로 느끼는 만족감도 상당하겠지만, 그보다 더 중요한 것은 자신이 한 기업을 일구고 있으며, 무언가를 만들어내며 인생에 도전하고 있다는 사실이다. 베르그송에 따르면 인간은 일상을 견뎌내고, 이제껏 없던 것을 창조해냄으로써 진정한 행복을 얻기 때문이다.

일을 통해 우리는 성장하고, 치열한 노력을 통해 승리에 이른다. 그리고 마침내 한 기업을 일구는 걸 넘어 자신을 창조한다. 인격은 스스로 만드는 것이기 때문이다. 매일 16시간씩 일을 해도 얻는 건 다크서클과 빈 주머니, 그림의 떡에 불과한 휴가밖에 없다. 실패로 인한 좌절과 낙담이 덤으로 따라올지 모른다. 그러나 당신은 그 일을 하면서 다른 누군가가 되어가는 중이다. 그러니 변화의 시간을 내버려두어야 한다. 혹시 이전 직장에서 먹던 퍼진 스파게티가 그리워지면 스스로 요리를 만들어보자. 각고의 노력 끝에 완성한 요리는 남이 만들어준 요리보다 훨씬 더 값진 맛일 것이다.

제 고민은요

"퇴사 후 혼자 새로운 사업을 시작하고 있습니다. 처음에는 하고 싶었던 일을 하게 되어 설레고 자신감도 있었지만, 이제는 혼자 해내야 할 일이 너무 많아서 몸과 정신이 마비될 지경입니다. 다시 회사로 돌아가고 싶은 마음까지 듭니다."

철학 처방전

- 노력은 고통스러우나 기쁨에 도달할 수 있게 합니다. 그것은 다름 아닌 스스로를 극복하는 자기 자신 덕분입니다.
- 창조는 살아가는 이유입니다. 무언가를 만들어내는 모든 노력은 올바릅니다.
- 일을 하면서 우리는 스스로를 창조하고 자기 자신을 발견합니다. 이 경험으로 자신만의 행복에 다다릅니다.

이 책을 읽어보세요:『정신적 에너지』

1919년에 출간된 이 책은 베르그송이 여러 콘퍼런스에서 강의한 내용을 묶은 것이다. 이 책에는 과학 데이터를 비롯하여, 철학을 움직임과 창조 그리고 생을 향한 재료로 만들려 했던 강렬한 의지와 그가 일했던 작업 방식이 담겨 있다.

앙리 베르그송
Henri Bergson

1859년 파리, 폴란드 유대계 집안에서 태어난 베르그송은 런던과 파리에서 자랐다. 런던에 살면서 영어를 완벽하게 익혔고, 파리에서는 뛰어난 학업 성취를 보여주며 수학경시대회에서 1등을 차지하기도 했다. 그러나 그는 숫자의 학문보다는 인문 과학에 훨씬 매료되어 당시 에밀 뒤르켐(Émile Durkheim, 프랑스의 사회학자)과 장 조레스(Jean Jaurès, 프랑스 정치가)가 다니던 고등사범학교에 들어갔다.

철학 교사 자격증을 딴 후 프랑스 두 도시의 고등학교 교사로 일했고, 파리 앙리4세 고등학교 교사를 거쳐 고등교육기관인 콜레주드프랑스에서 교수로 지냈다. 영어 실력이 출중하여 미국 철학자 윌리엄 제임스William James와 교류를 하면서 친구가 되었다.

출생-사망 : 1859~1941년
국적 : 프랑스

그가 파고든 주제는 시간의 지속, 지식과 구분되는 직관의 중요성
이다. 그는 생의 약동에 더 높은 가치를 부여하기 위해 노력했다. 베르
그송이 정신과학·정치학 아카데미 위원으로 선출된 것은 철학 계승
자를 얻는 길이 열렸음을 의미한다. 그의 저서들은 여러 나라에서 성
공을 거두었다.

비트겐슈타인의 방

Wittgenstein's Room

애인의 가족들이 나누는 대화가
외국어로 들려

: 비트겐슈타인, 낯선 문화와 언어 게임 :

당신에게는 결혼까지 생각 중인 애인이 있다. 그리고 다음 주에는 그의 집을 방문한다. 그의 가족을 만난 적은 없지만, 마음은 이미 호의로 가득 차 있다. 시부모와 며느리 사이의 갈등은 케케묵은 시절의 이야기지, 자신에게는 일어날 리 없다고 생각한다. 당신은 애인을 너무도 사랑하고 그의 곁에서 매우 깊은 행복감을 느낀다. 뭐든지 함께하고 싶고, 그에 관해서라면 무엇이든 알고 싶다. 그러니 애인의 가족을 사랑하지 않을 이유가 있을까?

그렇기 때문에 애인이 부모님 댁에 가자고 말했을 때 당신은 몹시 기뻤다. 얼마나 화기애애하고 즐거울지 내심 기대도 했다. 무엇보다 이 단계를 넘어서면 그와의 관계가 더욱 탄탄해질 것이라 믿었다. 약속한 날이 다가오지만 당신은 걱정하지 않는다. 오히려 당신의 엄마가 더 초조해 보인다. 엄마는 저마다 소중한 가치관을 지닌 두 가정이 맞부딪칠 때 생길 갈등을 미리 걱정하며, 당신에게 잔소리를 그치지 않는다. 당신이 그 집에서 어떻게 처신해야 좋을지 시시콜콜 늘어놓는다. 하지만 당신은 흘려들으며 크게 개의치 않는다.

'사람 사는 게 다 똑같지 뭐. 우리 집이랑 크게 다르겠어?'

당신은 사람들에게 좋은 인상을 남기는 일만큼은 자신만만하다. 어릴 때부터 재치 있는 말솜씨와 배려 그리고 신중한 태도로 칭찬을 듣곤 했다. 그러니 긴밀한 사이가 될 애인의 가족들과 처음 만난다고 특별히 무언가를 준비해야 한다고 생각하지 않았고, 스트레스도 전혀 없었다. 주말에 드디어 애인의 집을 방문한다고 생각하니 그저 설렐 뿐이었다. 애인의 어린 시절 사진들도 보고 싶었고, 학창 시절 이야기도 듣고 싶었다.

드디어 그날이 왔다. 하지만 시작부터 일이 꼬이기 시작한다. 마치 육상 선수가 출발선을 뛰쳐나가는 순간만큼 순식간에 벌어진 일이다. 조금 늦게 도착하는 바람에 간신히 시간을 내어 예쁜 꽃다발을 사왔지만, 애인의 조카에게 꽃가루 알레르기가 있다는 사실은 미처 알지 못했다.

"예전에 말했잖아."

애인은 실망한 눈초리로 핀잔을 준다. 실수는 만회할 길이 없고 당신은 죄송하다는 말만 연발하며 어쩔 줄 몰라 한다. 꽃다발을 먹어치워서라도 없애고 싶다.

그 순간 애인의 어머니가 꽃다발을 낚아채어 재빨리 쓰레기통으로 던져버린다. 도착하자마자 드러난 당신의 실수를 봉인하려는 듯한 몸놀림이다. 애인의 어머니는 불편한 기색으로 식탁으로 향한다. 식사를 하는 동안 민망한 첫 만남이 모두의 기억에서 지워지길 바랄 따름이다.

그런데 마침 당신이 앉은 자리는 애인의 동생이 좋아하는 자리다. 어릴 때부터 늘 앉던 자리라 지정석이나 다름없다. 물론 당신이 그 사실을 알 리 만무하지만 가족들의 표정은 싸늘하다. 마치 "이 자리는 쟤 거라고! 꼭 말해줘야 알겠어?"라고 비난하는 듯하다.

두 번째 실수를 저지르고 극도로 당황하여 몸이 빳빳이 굳는다. 그러고는 말없이 가족들의 대화를 듣고만 있는데 한마디도 알아들을 수 없다. 애인까지 눈을 반짝이며 당신에게 한 번도 언급한 적 없는 사람들의 소식을 묻기 시작한다. 그러면서 누구는 아이를 낳았고, 누구는 취직을 했고, 누구는 휴가를 갔다는 이야기를 들으며 즐거워한다.

당신은 이 집안의 이야기를 알지 못하고 분위기를 파악할 수 없어서 시종일관 가시방석에 앉은 기분이다. 할머니의 이상한 몸짓도 어떻게 해석해야 할지 알 수 없다. 혹시 할머니가 알츠하이머 환자인 건지 아니면 단지 고기 요리를 더 달라고 하는 건지 아리송하다.

'외국에 온 것도 아닌데 왜 이렇게 어색하고 힘들지?'

당신은 마치 새로운 세계 한복판에 서 있는 기분이다. 당신에게는 모든 것이 수수께끼다. 대화를 전혀 이해할 수 없지만 해석이나 자막을 달아주는 사람도 없다. 날짜, 추억, 농담이 식탁 위를 날아다니는데 동참할 수 없다. 마치 외국어를 사용하는 것 같다. 대화는 속속 다른 주제로 넘어간다. 사랑하는 사람마저 당신을 옆으로 밀쳐내는 것 같다. 갑자기 그가 멀게 느껴진다. 끝없이 오가는 대화는 알 수 없는 세계의 이야기로만 들려서 자신이 침입자라도 된 기분이다.

하지만 미지의 세계에서 눈치만 살피는 것보다 더 민감한 문제가 있다. 그건 바로 가치관의 차이다. 식사를 마치고 디저트를 먹으며 애인의 아버지가 정치 이야기를 꺼낸다. 납득할 수 없는 견해를 들어도, 당신은 입술을 깨물고 있을 수밖에 없다. 애인의 사촌은 자신이 투기를 얼마나 잘했는지, 얼마나 많은 여자와 놀아났는지 자랑스럽게 떠벌이기까지 한다. 사촌의 속물근성과 이기심에 질겁한다. 한 입 베어 문 케이크가 목에 걸려 넘어가질 않는다.

당신은 지금 산산조각 난 기분이다. 드디어 작별 인사를 할 시간이다. 현관에서 가볍게 포옹을 하려 애인의 어머니에게 손을 뻗는다. 하지만 애인의 어머니는 냉랭한 표정으로 당신의 손만 가볍게 잡았다 놓는다. 당신은 그 몸짓이 마치 자기 가족과 융합하는 데 실패했다고 알리는 신호처럼 느껴진다. 반면, 사랑하는 아들에게는 세상에서 가장 다정한 모습이다. 둘은 자신을 옆에 둔 채 오래도록 포옹하며 꿀이 떨어지는 눈으로 서로를 바라본다. 사근사근한 말로 인사를 건넨다. 당신은 죽었다 깨어나도 이 가족에 섞일 수 없으며, 오로지 어린 시절부터 함께 지낸

이들만 공유할 수 있는 세계라고 말하는 것 같다. 어쩌면 당신은 애인의 가족들과 만나기 전에 만반의 준비가 필요했던 건지도 모른다. 엄마가 했던 걱정들이 이제야 이해가 간다.

'어떡하지? 나 이 사람과 결혼할 수 있을까?'

집으로 돌아왔다. 당신의 가족과 공통점을 전혀 찾아볼 수 없고, 완전히 상반된 예비 시댁의 문화를 접한 당신은 완전히 넋이 나갔다. 앞으로 이들과 어울릴 수 있을까? 도무지 자신이 없다. 무탈하게 한 가족이 될 수 있으리란 확신은 깊은 패배감에 자리를 넘겨주었다.

만약 애인과 결혼한다면 앞으로 50년 동안 이런 점심 식사를 견뎌야 한다는 생각에 모골이 송연하다. 예비 시부모님과 둘러앉아 애인의 옛날 앨범을 들여다보며 함께 시간을 즐기길 원했던 당신은 아직 결혼도 하지 않은 마당에 이혼을 택할지, 애인을 납치해서 세상 반대편으로 데려가 살아야 하는 건 아닌지 괴롭다. 애인의 가족과 잘 소통하고 어울릴 수 있는 방법을 찾는 일이 시급하다.

비트겐슈타인의 철학 상담

"새로운 문화에 적응하려면
그들의 언어와 규칙을 먼저 습득해야 해요."

이방인이라는 느낌, 문화적으로 느끼는 큰 간극은 서툰 행동과 침묵으로 이어진다. 이러한 상황에서 우리는 어떤 태도를 취해야 할지 알지 못하고 도망가기 바쁘다. 언어 철학의 대가인 비트겐슈타인은 타국에서 이방인이 되는 것뿐 아니라 다른 문화 속에서 이방인이 되는 경우에도 주목했다. 그러므로 주변에서 벌어지는 대화를 완전히 이해하지 못하는 괴로움은 그에게 매우 익숙하다. 비트겐슈타인은 이런 문제를 철학 사상의 중심 주제로 삼으며 여러 작품을 저술했다.

문화를 구분하는 기준은
'삶의 형식'

비트겐슈타인은 서로 융합할 수 없는 문화들의 특성을 강조하면서 우리를 낙담하게 만드는 것이 아니라, 우리가 이질적인 문화와 융합할 수 있는 매우 효과적인 방법을 알려준다. 저서 『철학적 탐구』에서 비트겐슈타인은 문화와 언어의 관계를 정립했다. 어떤 문화 속에서 혼자 동떨어져 헤매는 느낌이 들고, 통용되는 것들의 의미를 깨닫지 못하는 이유는 그 문화를 영위하는 사람들의 말과 행동을 파악하지 못하기 때문이다.

비트겐슈타인은 한 문화권을 다른 문화권과 구분하는 것은 단지 수공예나 관습에 한정된 것이 아니라, 역사와 관습에 따라 진화하면서 고착된 언어라고 보았다. 여기서 언어는 말과 몸짓도 포함한다. 그리고 비트겐슈타인이 문화권을 나누는 기준으로 삼은 것은 지리적인 기준이 아니라 '삶의 형식form of life'이다. 이 표현은 비트겐슈타인 철학에서 중요한 개념으로 자리 잡고 있다.

그는 삶의 형식을 매우 구체적인 규칙을 받아들이는 특수한 형태의 인간 조직으로 정의했다. 이러한 관점에서 볼 때, 그들만의 삶의 형식을 지닌 한 가족은 다른 어떤 가족과 비교해도 같지 않다.

우리는 모두 일상에서 삶의 형식을 수없이 확장시키며 살아
간다. 새로운 삶의 형식을 만날 때마다 매번 그들끼리 통하는
언어를 다시 배워야 한다. 화합하지 못해 주변부에서 겉돌거나,
어떤 이의 행동이 무엇을 뜻하는지 혼자 알아차리지 못하는 일
이 없도록 말이다.

언어 게임에
참여하겠습니까?

다른 삶의 형식 속에서는 자신이 속해 있던 문화의 언어를 사
용할 수 없다. 단어와 몸짓의 의미는 우리가 현재 거하는 곳의
삶의 형식에 따라 달라진다. 간단히 예를 들어, 지하철 안에서
당신은 빈자리가 생겼을 때 아무 데나 앉을 수 있지만, 어떤 사
무실에서 자리마다 앉는 사람이 지정되어 있다면 아무 데나 앉
을 수는 없다.

애인의 가족을 만나는 건 경계선을 넘어 새로운 삶의 형식으
로 들어가는 것이다. 당신이 가정에서 교육을 완벽하게 받았다
하더라도, 이 가족은 당신의 가족이 아니므로 그 안에서 어떻게

처신해야 하는지 알 수 없다.

당신이 어떤 모임에 새로 합류했을 때나, 새로운 회사에 출근 했을 때도 마찬가지이다. 비트겐슈타인은 전혀 모르는 문화를 발견할 때 필요한 학습을 '언어 게임'이라고 말한다. 게임을 처음 시작할 때처럼, 언어 게임도 참여하기 전에 규칙을 습득해야 한다. 다소 생경한 규칙에 적응하는 건 언제나 쉽지 않다.

언어 게임의 규칙에 익숙해지려면 배경과 사람들 간의 관계 를 이해하고 특정한 지식을 배워야 한다. 애인 아버지의 정치 성향이 당신과 너무 상반되거나, 애인의 조카에게 꽃가루 알레 르기가 있다는 정보처럼 말이다.

다른 문화와 잘 융합해야 한다면 호기심을 가져야 한다. 찬찬 히 시간을 들여 주의 깊게 살펴보며, 자신과 다른 방식을 받아 들이고, 조용히 관찰하는 태도가 필요하다.

모든 인간 집단은 그들만의 언어 게임을 가지고 있다. 당신이 그 문화에 스며들려면 인내심을 가지고 규칙을 습득하며 열린 마음으로 다가서야 한다. 만일 당신이 그들과 같은 언어를 말하 고 규칙을 존중한다면 당신은 애인의 부모님과 더 가까워질 수 있을 것이다.

제 고민은요

"애인을 정말 사랑하지만, 애인의 가족과 잘 어울릴 자신이 없어요. 낯선 문화에 어떻게 잘 적응할 수 있을지 벌써 걱정입니다. 결혼을 미뤄야 할 것 같아요."

철학 처방전

- 문화권을 구분하는 기준은 구성원이 그들만의 특성을 담아 사용하는 언어입니다.
- 인간 집단은 그들만의 고유한 언어를 사용하는 특별한 문화를 가지고 있습니다.
- 어떤 집단과 융합되기 위해서는 그 집단에서 사용하는 언어, 즉 단어나 행동을 배워야 합니다.

이 책을 읽어보세요: 『철학적 탐구』

1953년 비트겐슈타인 사후에 출간된 이 책은 『논리철학논고』처럼 언어와 언어에 대한 이해를 연구한다. 이 책은 비트겐슈타인이 자신의 철학과 독자를 연결하기 위해 수없이 탐구한 결과물이다.

|

루트비히 비트겐슈타인
Ludwig Josef Johann Wittgenstein

1889년 오스트리아 빈에서 태어난 비트겐슈타인은 철강 재벌이었던 부유한 집안의 여덟 자녀 중 막내였다. 브람스나 말러 같은 유명한 음악가들의 후원자이자 음악가이기도 했던 부모 덕분에 그는 어릴 때부터 다양한 문화를 향유하며 자랐다.

1906년에 비트겐슈타인은 맨체스터대학교에서 기계공학을 공부하기 시작했고 그 후에는 수학을 공부한다. 그리고 철학자 버트런드 러셀Bertrand Russell을 만나 케임브리지에서 함께 공부했다. 그는 아이슬란드를 거쳐 노르웨이에 이르기까지 긴 여행을 하다가 노르웨이 시골 마을에 직접 오두막을 짓고 칩거했다. 대학에서 멀어져야 자신의 사상을 발전시킬 수 있다고 생각한 그는 이 오두막에서 수리 철학의 기초에 대한 책을 썼다.

1차 세계대전 동안 러시아 전선에서 싸우기 위해 참전했고, 전쟁의

출생-사망 : 1889~1951년
국적 : 영국

한복판에서 『논리철학논고』를 썼다. 이탈리아 군의 포로가 되었을 때 다행히 이 원고를 러셀에게 보낼 수 있었기에 1922년 책으로 출간되었다. 가장 유명한 저서인 이 책에서 그는 언어와 철학의 한계를 규명했다. 이 책을 쓰면서 철학이 제기한 문제들을 해결했다고 생각한 비트겐슈타인은 새로운 직업을 찾는다. 그는 초등학교 교사와 정원사 보조로도 일했고, 막내 누나의 집을 직접 설계하는 등 건축 관련 일도 했다.

그가 철학으로 돌아온 것은 빈 학파 철학자들이 자신의 책에 문제를 제기했기 때문이다. 그는 사람들이 자신의 이론을 오해하고 있음을 깨닫고 다시 철학을 시작한다. 1939년에는 마침내 케임브리지대학교 교수로 임명되었다. 분석 철학에 끼친 영향과 연구들, 그리고 범상치 않았던 생애로 그는 20세기 사상사에서 중요한 인물이 되었다.

**"내 일생이 어떠했는지 묻는 그대에게
내가 읽었던 책을 말해주리다."**

_ 오시프 만델스탐

먼저 내가 가장 사랑하는 오빠에게 감사를 전한다. 오빠가 없었더라면 이 모든 일은 아무 의미 없었을 것이다. 세상의 모든 이 옆에 나의 오빠 같은 이가 있기를 소망한다. 그리고 어머니에게 감사한다. 지칠 줄 모르는 강한 사랑과 용기와 상상력을 지닌 어머니. 특히 상상력을 밀고 가는 당신의 용기에 감사드린다. 아버지에게도 감사한다. 이 책이 나오길 무척 기다리며 나를 끝까지 신뢰해주셨다. 알렉산드르에게 감사한다. 당신이 당신이어서 감사하고, 내가 머물 작은 집을 지어주어 감사하다. 이 책은 우리 모두의 책이다. 책을 쓰는 동안 함께했던 순간들을 평생 기억할 것이다. 세 번째 쌍둥이를 안겨주며 내 사랑을 더욱 커지게 해준 에너자이저 코코에게 감사한다.

영원히 이어진 끈 같은 존재, 로라 마이에게 감사한다. 내 글에 살이 되고 피가 되는 조언을 해준 피에르에게 감사한다. 인내 가득한 사랑과 다정한 눈빛으로 나를 지켜준 실비에게 감사한다. 떠들썩했던 우리의 3월을 기억하며 시몽에게 감사한다. 값지고 섬세한 상흔 덕에 인생의 모든 굴곡을 웃으며 지날 수 있게 되었다.

　꼼꼼하게 소중한 의견을 준 쉬잔나, 레오나르, 에마뉘엘에게 감사한다. 내가 작가가 될 수 있었던 것은 이들이 내게 보여준 신뢰 덕분이었다. 무한한 감사를 보낸다. 나를 제자로 삼아준 선생님들과 나를 교사로 만들어준 학생들에게 감사한다. 이들 덕분에 날마다 좀 더 나아지는 법을 배웠다. 내게 육감적인 스피노자를 소개해준 프레데리크 만지니에게 감사한다. 철학이 얼마나 섹시한 학문인지 일찍이 깨닫게 해준 알랭 그라나에게 감사한다. 그리고 첫 글의 아찔함을 알게 해준 스테파니 자니코에게 감사한다.

베랑제르, 카롤, 니타, 라쉘, 오세안, 마를리에게 감사한다. 이들의 열정과 능력 덕에 평온함을 유지할 수 있었고, 글을 쓸 수 있었다. 영감이 번뜩이는 여행자이자 호기심 많은 탐구자인 잉그리드에게 감사한다. 언젠가 다시 만날 수 있기를 바란다. 남다른 친화력으로 즐거움을 준 모드에게 감사한다. 아이들을 즐겁게 보살피는 모든 유대인 어머니들에게 감사한다. 놀라운 연대감으로 나를 격려해준 비르지니, 올가, 졸라, 율리스, 말리지아, 에바, 로랑 다비드에게 감사한다. 에마뉘엘 엠과 승리의 여신이 함께했던 밤들에도 감사의 인사를 보낸다.

마지막으로 어떻게 해야 할지 갈피를 잡지 못하던 나를 구해준 이들. 스피노자, 아리스토텔레스, 베르그송, 비트겐슈타인, 흄, 파스칼, 니체, 칸트, 플라톤, 하이데거, 레비나스, 밀에게 감사하다는 말을 전한다.

세상의 모든 고민은
'나를 모르기 때문에' 시작된다

철학, 가까이하고 싶어도 멀기만 한

나는 철학이라는 학문을 고등학교 때 처음 접했다. 그때 나에게 철학은 달달 외우기만 하면 시험 점수가 잘 나오는 과목에 불과했다. 비록 수박 겉핥는 식이었지만, 몇 년이 흐른 지금도 철학 사조와 철학자 이름이 낯설지 않은 것을 보면 그때 했던 공부가 상식을 넓히는 데 쓸모없지는 않았던 듯하다.

대학교 시절에는 서양 철학을 교양 과목으로 호기롭게 선택하여 학문의 세계에 진지하게 빠져들고자 노력해본 적도 있다.

그러나 책 속의 철학 용어들은 블랙홀에 빠져들어 우주 어딘가에서 떠도는 별처럼 실체를 짐작하기도 어려웠다.

이런 경험들 때문에 철학은 오랫동안 내게 쉽게 다가오지 않았다. 그럼에도 철학에 대한 막연한 동경은 여전히 남아 있어서, 언젠가 기회가 되면 철학을 제대로 공부해보고 싶었다. 도무지 생각나지 않던 어떤 단어가 갑자기 떠오르는 순간 카타르시스를 맛보게 되듯이, 철학을 통해서라면 도무지 해결되지 않던 삶의 문제들이 풀려 유레카를 외칠 수 있지 않을까 생각했다. 그러면 조금 더 현명하게 살아갈 수 있지 않을까?

이봐 철학자 양반, 내 고민을 들어보라고

젊은 철학 교사 마리 로베르는 철학이라면 지레 겁먹는 나 같은 사람을 위해 작정하고 이 책을 쓴 듯하다. '철학은 어렵지 않아, 네 고정관념만 바꾸면 돼!'라고 첫 페이지부터 마지막 페이지까지 외치는 것 같다. 이 책은 일상에서 흔히 겪는 고민들을 사례로 제시하고, 할 일을 마친 채 땅속에서 쉬느라 별로 바쁘지 않을 것 같은 유명한 철학자들을 거침없이 불러낸다.

그리하여 철학자들은 한없이 자애로운 마음으로 우리의 어리

석음을 일깨워주고 스스로를 돌아보게 해준다. 살아 있을 당시에는 만나기도 힘들었을 그들이 사소한 고민을 친히 들어주고 조곤조곤 이야기해주는 것이다.

쇼핑몰을 돌아다니다 쓸데없는 물건을 잔뜩 사고 후회할 때, 우리를 구원해줄 사람은 놀랍게도 스피노자다. 스피노자는 우리를 마냥 질책하는 것이 아니라, 우리가 왜 욕망에 따라 움직일 수밖에 없는지 알려주며 욕망이야말로 우리를 살아가게 만드는 에너지의 원천임을 일깨워준다. 다시는 떡이 될 정도로 술을 마시지 않겠다고 결심했으나 똑같은 행동을 저질렀을 때, 아리스토텔레스는 자기혐오에 빠지지 말고 이 경험을 '앎이 시작되는 순간'으로 삼으라고 조언한다. 또한 투지를 불태우며 어떤 일에 도전하다가 갑자기 모든 전투력을 상실하고 무기력에 잠기는 순간, 니체는 자기 안의 에너지를 끌어내어 자기 자신을 극복하고 진정으로 원하는 모습으로 성장하라고 촉구한다.

이처럼 철학자들의 조언을 따라가다 보면 모든 고민이 나와 나를 둘러싼 세계를 모르기 때문에 생겨난 것임을 깨닫게 된다. 결국 지혜를 사랑한다는 것은 어둠 속에서 헤매는 나 자신을 발견하고 무지에서 벗어나 스스로의 한계를 넘어서는 일 아니겠는가.

저자가 불러낸 철학자들은 나를 되돌아보게 하고 인생의 의미를 되짚어보도록 권한다. 그리고 어떤 힘든 상황이 찾아와도 대처할 수 있는 힘을 스스로 만들도록 북돋워준다.

모두가 스스로 철학자가 되는 세상

저자는 어렵게 느껴지는 철학을 누구나 쉽게 읽을 수 있는 글로 바꾸어 우리를 유혹한다. '이래도 철학 안 할래?' 하고 으름장을 놓는 것 같기도 하다. 이 책 덕분에 내가 가지고 있는 고민들을 철학자의 시선에서 바라보고 새로운 통찰을 얻었다. 또한 철학이라는 심오한 세계로 빠져들고 싶다는 욕망이 오랜만에 스멀스멀 피어오른다.

물론 부작용은 있다. 이 책에서 소개하는 철학이 전부라고 착각할 수 있다는 것. 그런 오해를 막기 위해서였을까? 저자는 각 장의 말미마다 철학자의 주요 저서를 소개함으로써 단편적인 지식에서 시작하여 더욱 심오한 그들의 세계로 들어가라고 초대한다. 일상에서 철학을 만나는 것을 넘어서 모두가 스스로 철학하는 세상, 어쩌면 저자는 그런 세상을 꿈꾸는 게 아닐까?

Claude Gassian ⓒ Flammarion

마리 로베르 MARIE ROBERT

소르본 대학에서 철학과 사회학을 전공하고 '톨스토이와 비트겐슈타인'을 주제로 박사학위를 받았다. 철학 잡지 창간과 운영, 칼럼 집필, 강연 등 활발한 활동을 한 덕분에 파리 데카르트 심리학 대학에서 4년 넘게 강의를 했다. 2015년에는 국제 몬테소리 고등학교에서 프랑스어와 철학을 가르치는 한편, 초등학생을 위한 철학 교실도 운영했다.

이케아에 책장을 사러 갔다가 책장은 사지 않고 쓸데없는 물건만 잔뜩 사서 집으로 돌아온 날, 철학자답게 스피노자를 떠올린 그녀는 이 책, 『1년 전과 똑같은 고민을 하는 나에게』(원제: 칸트, 어떻게 해야 할지 모르겠다면?Kant tu ne sais plus quoi faire)에 대한 영감을 얻게 되었다. '항상 반복되는 실수를 할 때, 열심히 살았는데 나이만 먹고 제자리걸음하는 느낌이 들 때, 가족이 남보다 못하다고 느낄 때, 칸트, 니체, 레비나스 등의 철학자들에게 심리 상담을 받는다면 과연 뭐라고 답변해줄까?'라는 아이디어가 번뜩 떠올랐던 것이다. 철학에 자기계발을 접목한 이 책은 실용성과 오락성, 작품성을 모두 갖춘 책이라 평가받으며 프랑스 언론의 찬사를 받았고 종합 베스트셀러로 발돋움했다. 또한 출간된 지 1년 만에 15개국으로 판권이 수출되면서 그 인기를 이어 가고 있다.

김도연

한국외대 불어과와 동 대학원에서 프랑스어를 전공하고 파리 13대학에서 언어학 박사과정을 수료했다. 지금은 독자들에게 좋은 책을 소개하고 싶은 마음에 책을 기획하고 만드는 일을 하고 있다. 옮긴 책으로는 『나의 페르시아어 수업』, 『라플란드의 밤』, 『내 손 놓지 마』, 『로맨틱 블랑제리』, 『내 욕망의 리스트』, 『생각 정리의 기술』, 『요리의 거장 에스코피에』 등이 있다.

1년 전과 똑같은 고민을 하는 나에게

1판 1쇄 발행 | 2019년 7월 31일
1판 2쇄 발행 | 2019년 8월 30일

지은이 | 마리 로베르
옮긴이 | 김도연
발행인 | 김태웅
기획편집 | 박지호, 이주영
외부기획 | 민혜진
디자인 | 어나더페이퍼
마케팅 총괄 | 나재승
마케팅 | 서재욱, 김귀찬, 오승수, 조경현, 양수아, 김성준
온라인 마케팅 | 김철영, 양윤모
인터넷 관리 | 김상규
제 작 | 현대순
총 무 | 김진영, 안서현, 최여진, 강아담
관 리 | 김훈희, 이국희, 김승훈

발행처 | ㈜동양북스
등 록 | 제2014-000055호
주 소 | 서울시 마포구 동교로22길 14 (04030)
구입 문의 | 전화 (02)337-1737 팩스 (02)334-6624
내용 문의 | 전화 (02)337-1739 이메일 dybooks2@gmail.com

ISBN 979-11-5768-519-6 03190

이 도서의 국립중앙도서관 출판예정도서목록(CIP)은 서지정보유통지원시스템 홈페이지(http://seoji.nl.go.kr)와 국가자료공동목록시스템(http://www.nl.go.kr/kolisnet)에서 이용하실 수 있습니다.(CIP제어번호 : CIP2019025227)